Bingo !

Mon coach d'orthographe grammaticale
pour écrire tout seul

Christian Cherdon et Benoit Wautelet

Bingo !

Mon coach d'orthographe grammaticale
pour écrire tout seul

Le présent ouvrage tient compte des simplifications orthographiques proposées par le Conseil Supérieur de la langue française et approuvées par l'Académie française en 1990.

Christian Cherdon est agrégé de lettres, professeur honoraire et grammairien.

Benoit Wautelet est maitre-assistant en langue française à la Catégorie pédagogique de la Haute École Louvain en Hainaut (HELHa - Braine-le-Comte).

Pour toute information sur notre fonds, consultez notre site web: **www.deboeck.com**

Illustrations : Alice Bertrand. www.aliceb.be

© De Boeck Éducation s.a., 2015 2e édition
Fond Jean Pâques, 4 – 1348 Louvain-la-Neuve

Même si la loi autorise, moyennant le paiement de redevances (via la société Reprobel, créée à cet effet), la photocopie de courts extraits dans certains contextes bien déterminés, **il reste totalement interdit de reproduire**, sous quelque forme que ce soit, en tout ou en partie, **le présent ouvrage**. (Loi du 30 juin 1994 relative au droit d'auteur et aux droits voisins, modifiée par la loi du 3 avril 1995, parue au Moniteur du 27 juillet 1994 et mise à jour au 30 aout 2000.)
La reprographie sauvage cause un préjudice grave aux auteurs et aux éditeurs.
Le «photocopillage» tue le livre !

Imprimé en Belgique

Dépot légal 2015/0074/045 ISBN 978-2-8041-9118-4

AVANT-PROPOS

« Monsieur, comment on écrit la terminaison de *je serai* ? », « Donc, quand j'entends "eu" et que c'est au pluriel, j'ajoute *x*, c'est ça ? ».
Bingo ! est **un outil d'orthographe grammaticale** destiné aux élèves de l'enseignement primaire dès la 4e année et principalement à ceux du cycle supérieur (5e et 6e années).
Les enfants maitrisent bien souvent la prononciation de ce qu'ils écrivent. *Bingo !* prend appui sur cette connaissance intuitive des élèves pour les aider à orthographier sans faute les terminaisons adéquates dans leurs écrits. Pour chaque terminaison présentée, on trouve des exemples qui permettent de faire le choix de la bonne orthographe.

La première partie de l'ouvrage est constituée de **fiches répertoriant les différentes écritures possibles de la terminaison orale d'un mot** (j'entends [al] à la fin d'un mot, comment puis-je l'écrire : *al* ? *als* ? *ale* ? *ales* ?). Les fiches sont enrichies de listes de mots qui utilisent les terminaisons indiquées. Une deuxième partie est consacrée aux **homophones grammaticaux**. La dernière partie contient des **notions de grammaire**. On y découvre les lois de formation des temps et des modes en conjugaison, les tableaux du féminin des adjectifs et des noms, ceux du pluriel des noms et des adjectifs, ainsi que, entre autres, celui de la formation des adverbes en *-ment*. Contrairement à d'autres ouvrages grammaticaux, on trouve dans *Bingo !* un **rappel des savoir-faire et procédures de base indispensables aux accords** (reconnaitre un verbe, reconnaitre un sujet, distinguer un participe présent et un adjectif verbal…), ce qui en fait un outil très concret. Un rappel des notions essentielles (radical, terminaison, mode et temps…) et des règles d'accord est également présent.

L'encart « répertoire phonétique » permet de se retrouver rapidement dans *Bingo !* grâce à un classement phonétique dont la présentation suit celle bien connue de l'*Eurêka !* de Jacques Demeyère (Édit. De Boeck Éducation). Chaque phonème est présent avec un renvoi précis aux pages concernées. La recherche auditive est mise directement en relation avec l'image écrite des terminaisons des mots. Les sons phonétiquement proches, souvent d'ailleurs mal distingués, n'ont pas été séparés.
Un système de renvois internes dans l'ouvrage amène également l'enfant à approfondir sa réflexion. Chaque terminaison orale se voit ainsi renvoyée à son ancrage théorique.
L'index alphabétique à la fin du livre est un outil complémentaire pour repérer facilement et rapidement la notion ou le mot recherché.

L'orthographe proposée dans l'ouvrage suit les « règles » des *Rectifications de l'orthographe* de 1990. Le Conseil de la langue française les recommande et, par ailleurs, ces usages sont aujourd'hui attestés par les principaux dictionnaires et de nombreux correcteurs orthographiques.

SOMMAIRE

1re PARTIE	Terminaisons (et listes de mots usuels concernés par ces terminaisons)	10
2e PARTIE	Homophones	94
3e PARTIE	Répertoire phonétique (« image auditive » des terminaisons)	111
4e PARTIE	Notions grammaticales (règles d'orthographe et de conjugaison)	114
5e PARTIE	Index alphabétique	139

Les bandes bleues ▬▬ au bord des pages permettent de mettre en évidence les différentes parties.

ABRÉVIATIONS ET CONVENTIONS

PRINCIPALES ABRÉVIATIONS UTILISÉES

masc.	masculin
fém.	féminin
sing.	singulier
plur.	pluriel
pers.	personne
indic.	indicatif
condit.	conditionnel
impér.	impératif
subj.	subjonctif
part.	participe
infin.	infinitif

♦ Ce signe indique les rectifications orthographiques de 1990, avec un renvoi en bas de page où l'on trouvera l'orthographe non rectifiée ◊ quand cela est nécessaire.

SONS ET ORTHOGRAPHE

Ex.

Pour utiliser le répertoire, les seules conditions sont de connaitre l'ordre alphabétique et de pouvoir déchiffrer les différents sons du langage : voyelles et consonnes.

Pour indiquer clairement la prononciation, à côté des différentes graphies, les sons sont transcrits de deux façons, l'une reprenant dans un encadré bleu clair la notation employée dans l'*Eurêka !*, l'autre utilisant entre crochets les signes de l'alphabet phonétique de l'Association phonétique internationale (API), présents notamment dans bon nombre de dictionnaires. Cet alphabet phonétique figure au début du livre (p. 9).

Les sons proches, souvent d'ailleurs mal distingués, n'ont pas été séparés. Quant aux graphies notées, certaines sont des finales de mots, d'autres sont des mots entiers.

MODE D'EMPLOI

JE VEUX ÉCRIRE UN VERBE, UN NOM, UN ADJECTIF… AVEC LA TERMINAISON QUI CONVIENT

1. Prononcer ou entendre la finale du mot. Ex. : "in" – [ɛ̃] en écriture phonétique – dans «*j'éteins, tu éteins, il éteint*…».
2. Ouvrir le livret aux pages du répertoire phonétique ou bien à l'index alphabétique en fin d'ouvrage.
3. Repérer les lettres initiales de cette finale. Ex. : I, IN.
4. Ouvrir le livret à la page indiquée et rechercher la terminaison qui convient en s'aidant des informations données. Ex. : Pour «*j'éteins*», ➔ le sujet du verbe peut être *je* ou *tu*, ✱ finale d'un verbe en *-(e)indre*), la finale s'écrira donc *-eins* dans «*j'éteins*».
5. Suivre la flèche ▶ pour plus d'explications dans la partie présentant des règles d'orthographe et de conjugaison.

JE COMPRENDS L'ORGANISATION D'UNE FICHE

 fiche présentant des terminaisons   fiche présentant des homonymes

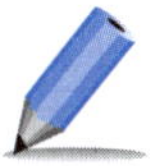

ACCORDER LE VERBE   présentation des notions théoriques

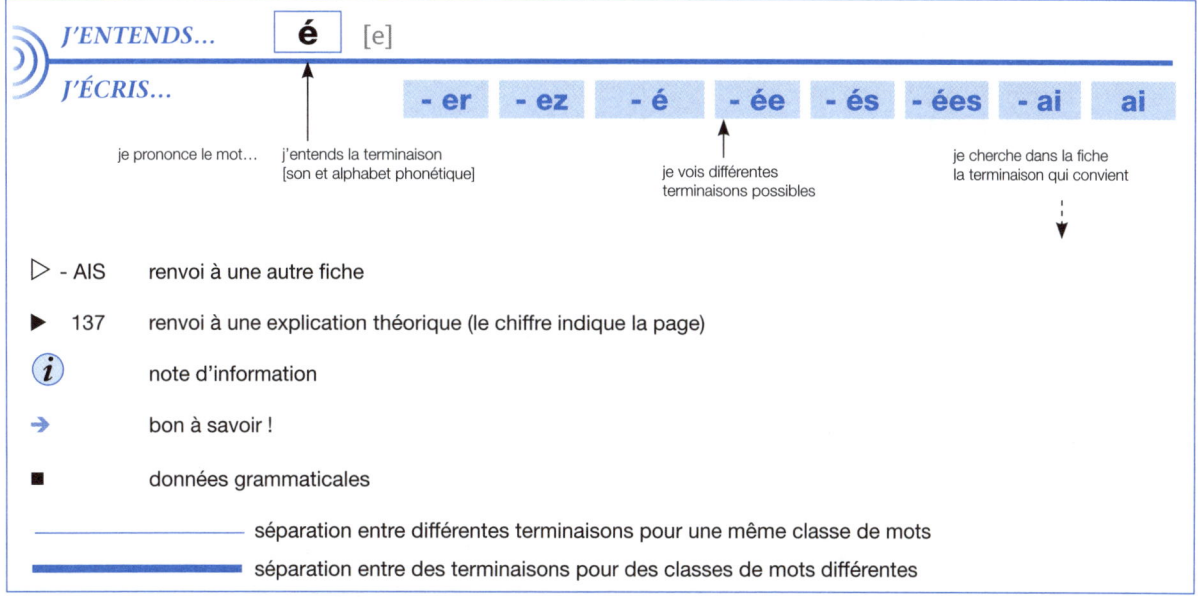

LE POINT SUR...

⇨ LA CONJUGAISON

- conjugaison — 123
- radical et terminaison — 123
- personnes et nombre — 123
- modes — 123
- temps (simples et composés) — 124
- voix (active et passive) — 125
- groupes de verbes — 125
- indicatif présent — 130
- indicatif passé composé — 130
- indicatif imparfait — 131
- indicatif plus-que-parfait — 131
- indicatif passé simple — 132
- indicatif passé antérieur — 132
- indicatif futur simple — 133
- indicatif futur antérieur — 133
- indicatif conditionnel présent — 134
- indicatif conditionnel passé — 134
- subjonctif présent — 135
- subjonctif passé — 135
- impératif présent — 136
- impératif passé — 136
- infinitif présent — 137
- infinitif passé — 137
- participe présent — 137
- participe passé — 137
- tableau des terminaisons — 125
- verbe *avoir* — 126
- verbe *être* — 127
- verbe *parler* — 128
- verbe *finir* — 129
- verbes en *-cer* — 138
- verbes en *-ger* — 138
- verbes en *-ier* — 138
- verbes en *-yer* — 138
- verbes en *-eler / -eter* — 138
- verbes en *-e.er* — 138
- verbes en *-é.er* — 138
- verbes en *-guer / -quer* — 138
- verbes en *-cevoir* — 138
- verbes en *-cre* — 138
- verbes en *-dre* — 138
- verbes en *-indre / -soudre* — 138
- verbes en *-aitre / -oitre* — 138

⇨ L'ORTHOGRAPHE GRAMMATICALE

- féminin des noms — 118
- féminin des adjectifs — 118
- pluriel des noms — 119
- pluriel des adjectifs — 119
- accord de l'adjectif — 117
- accord de l'adjectif de couleur — 117
- accord du participe passé — 116
- adjectif verbal et participe présent — 120
- accord du verbe — 115
- adverbes en *-ment* — 121
- numéraux — 122

⇨ L'ORTHOGRAPHE RECTIFIÉE

114

⇨ L'ALPHABET PHONÉTIQUE

9

ALPHABET PHONÉTIQUE INTERNATIONAL

L'alphabet phonétique international est un système de signes écrits qui permet de représenter chaque son par un signe et d'utiliser un seul signe pour chaque son.

Voici un exemple pris dans un dictionnaire : **école** [ekɔl]

Voyelles

- [i] **i**l, v**ie**, l**y**re
- [e] bl**é**, jou**er**
- [ɛ] l**ai**t, jou**e**t, merc**i**
- [a] pl**a**t, p**a**tte
- [ɑ] b**a**s, p**â**te
- [ɔ] m**o**rt, d**o**nner
- [o] m**o**t, d**ô**me, **eau**, g**au**che
- [u] gen**ou**, r**ou**e
- [y] r**u**e, vêt**u**
- [ø] p**eu**, d**eu**x
- [œ] p**eu**r, m**eu**ble
- [ə] l**e**, pr**e**mier
- [ɛ̃] mat**in**, pl**ein**
- [ɑ̃] s**an**s, v**en**t
- [ɔ̃] b**on**, n**om**bre
- [œ̃] l**un**di, br**un**

Semi-consonnes (ou semi-voyelles)

- [j] **y**eux, pa**ill**e, p**i**ed
- [w] **ou**i, n**ou**er
- [ɥ] h**u**ile, l**u**i

Consonnes

- [p] **p**ère, sou**p**e
- [t] **t**erre, vi**t**e
- [k] **c**ou, **qu**i, sa**c**, **k**épi
- [b] **b**on, ro**b**e
- [d] **d**ans, ai**d**e
- [g] **g**are, ba**gu**e
- [f] **f**eu, neu**f**, **ph**oto
- [s] **s**ale, **c**elui, **ç**a, de**ss**ous, ta**ss**e, na**t**ion
- [ʃ] **ch**at, ta**ch**e
- [v] **v**ous, rê**v**e
- [z] **z**éro, mai**s**on, ro**s**e
- [ʒ] **j**e, **g**ilet, **ge**ôle
- [l] **l**ent, so**l**
- [R] **r**ue, veni**r**
- [m] **m**ain, fe**mm**e
- [n] **n**ous, to**nn**e, a**n**imal
- [ɲ] a**gn**eau, vi**gn**e
- [h] **h**op ! (exclamatif)
- ['] **'**haricot (pas de liaison)
- [ŋ] camp**ing**, mot emprunté à l'anglais

Dict. *Le Petit Robert*

J'ENTENDS... **a** [a]

J'ÉCRIS... | **- a** | **- as** | **- ats** | **- at** |

▷ a, as, à
▷ - ois
▷ - çois

- a

→ le sujet du verbe peut être **il**, **elle**, **on**
✱ FINALE D'UN VERBE

elle **passera**	3ᵉ pers. sing. indic. futur simple	▶ 133	verbes en -er
il **s'habillera**			
il **viendra**			venir tenir
il **mettra**			mettre
il **recevra**			recevoir
il **devra**			devoir
il **pourra**			pouvoir
il **voudra**			vouloir
(i) il **courra**	→ 2 R : le R du radical + le R du futur simple	▶ 133	courir
	3ᵉ pers. sing. indic. futur simple		
elle **passa**	3ᵉ pers. sing. indic. passé simple	▶ 132	verbes en -er
il **s'habilla**			
Roula-t-il ?			
il **alla**			aller
(i) il **va**, il **a**	3ᵉ pers. sing. indic. présent	▶ 130	aller, avoir
Va !	2ᵉ pers. sing. impér. présent	▶ 136	aller
Va-t'en !			
Vas-y !			

- as

→ le sujet du verbe est **tu**
✱ FINALE D'UN VERBE

tu **passeras**	2ᵉ pers. sing. indic. futur simple	▶ 133	verbes en -er
tu **t'habilleras**			
tu **viendras**			venir tenir
tu **mettras**			mettre
tu **recevras**			recevoir
tu **devras**			devoir
tu **pourras**			pouvoir
Voudras-tu ?			vouloir
Tu **chantas** très bien.	2ᵉ pers. sing. indic. passé simple	▶ 132	verbes en -er
tu **allas**			aller
(i) tu **vas**, tu **as**	2ᵉ pers. sing. indic. présent	▶ 130	aller, avoir

- ats

→ le sujet du verbe est **je** ou **tu**
✱ FINALE D'UN VERBE EN -ATTRE

je **bats**	1ʳᵉ et 2ᵉ pers. sing. indic. présent	▶ 130	battre	abattre
tu **combats**			combattre	débattre
				ébattre (s')
				rabattre
bats	2ᵉ pers. sing. impér. présent	▶ 136		

- at

→ le sujet du verbe peut être **il**, **elle**, **on**
✱ FINALE D'UN VERBE EN -ATTRE

il **bat**	3ᵉ pers. sing. indic. présent	▶ 130	

J'ENTENDS… **al** [al]

J'ÉCRIS…

- al	- als	- ale	- ales	- alent
	- alle	- alles	- allent	

▷ - aux
▷ - e, -es, -ent

- al

MASCULIN SINGULIER D'UN NOM
OU D'UN ADJECTIF ▶ 118

un **canal**
un **général**

un récit **banal**
un point **final**

- als

PLURIEL D'UN NOM OU D'UN ADJECTIF
EN -*AL*

■ Pluriel de -AL en -ALS   uniquement dans…   ▶ 119

des **bals**   un *bal*
des **carnavals**   un *carnaval*
des **chacals**   un *chacal*
des **festivals**   un *festival*
des **récitals**   un *récital*
des **régals**   un *régal*

des récits **banals**   un récit *banal*
des meubles **bancals**   un meuble *bancal*
des coups **fatals**   un coup *fatal*
des chantiers **navals**   un chantier *naval*

■ Pluriel de -AL en -AUX   ▷- AUX

des **bocaux**   un *bocal*
des **chevaux**   un *cheval*
des **journaux**   un *journal*
des **animaux**   un *animal*

des renseignements **généraux**   un renseignement *général*
des hommes **loyaux**   un homme *loyal*
des comportements **bestiaux**   un comportement *bestial*

des **bestiaux**   → Le nom *bestiaux* n'existe qu'au masc. plur.

des résultats **finals**   un résultat *final*
(ou des résultats **finaux**)

des hivers **glacials**   un hiver *glacial*
(ou des hivers **glaciaux**)

- ale

FÉMININ SINGULIER D'UN NOM
OU D'UN ADJECTIF ◆ 118

Madame la **générale**   le *général*

une histoire **banale**   un récit *banal*
une note **finale**   un point *final*
une distance **égale**   un intervalle *égal*
la police **fédérale**   le gouvernement *fédéral*
une idée **géniale**   un feuilleton *génial*
la brume **matinale**   le brouillard *matinal*

- ales

FÉMININ PLURIEL D'UN NOM
OU D'UN ADJECTIF ▶ 119

des **générales**

des histoires **banales**   des récits *banals*
des notes **finales**   des points *finals* (*finaux*)
des distances **égales**   des intervalles *égaux*
les polices **fédérales**   des gouvernements *fédéraux*
des idées **géniales**   des feuilletons *géniaux*
les brumes **matinales**   des brouillards *matinaux*

- ale

→ le sujet du verbe est **je** (**j'**) ou peut être **il**, **elle**, **on**
✻ FINALE D'UN VERBE EN -*ALER*

j'**avale** je **pédale** je **sale**	1ʳᵉ et 3ᵉ pers. sing. indic. présent	▶ 130	avaler pédaler saler	(s') affaler caler décaler bringuebaler
il **avale** on **pédale** elle **sale**				cavaler chialer décaler dessaler
que j'**avale** que je **pédale** que je **sale**	1ʳᵉ et 3ᵉ pers. sing. subj. présent	▶ 135		détaler dévaler égaler empaler étaler
qu'il **avale** qu'on **pédale** qu'elle **sale**				exhaler haler inhaler intercaler ravaler recaler
avale **pédale** **sale**	→ pas de **tu**, pas de **-s** ! 2ᵉ pers. sing. impér. présent	▶ 136		régaler resaler signaler trimbaler

- ales

→ le sujet du verbe est **tu**
✻ FINALE D'UN VERBE EN -*ALER*

tu **avales**
tu **pédales**   2ᵉ pers. sing. indic. présent   ▶ 130
tu **sales**

que tu **avales**
que tu **pédales**   2ᵉ pers. sing. subj. présent   ▶ 135
que tu **sales**

- alent

→ le sujet du verbe peut être **ils**, **elles**
✻ FINALE D'UN VERBE EN -*ALER*

ils **avalent**
ils **pédalent**   3ᵉ pers. plur. indic. présent   ▶ 130
elles **salent**

qu'ils **avalent**
qu'ils **pédalent**   3ᵉ pers. plur. subj. présent   ▶ 135
qu'elles **salent**

- alle

→ le sujet du verbe est **je (j')** ou peut être **il**, **elle**, **on**
✳ FINALE D'UN VERBE EN *-ALLER*

je **déballe** j'**installe** il **déballe** on **installe**	1ʳᵉ et 3ᵉ pers. sing. indic. présent	▶ 130	déballer installer	daller emballer réinstaller remballer trimballer
que je **déballe** que j'**installe** qu'il **déballe** qu'on **installe**	1ʳᵉ et 3ᵉ pers. sing. subj. présent	▶ 135		

---

installe
déballe

→ pas de **tu**, pas de **-s** !
2ᵉ pers. sing. impér. présent   ▶ 136

- alles

→ le sujet du verbe est **tu**
✳ FINALE D'UN VERBE EN *-ALLER*

tu **déballes**
tu **installes**   2ᵉ pers. sing. indic. présent   ▶ 130

que tu **déballes**
que tu **installes**   2ᵉ pers. sing. subj. présent   ▶ 135

- allent

→ le sujet du verbe peut être **ils**, **elles**
✳ FINALE D'UN VERBE EN *-ALLER*

ils **déballent**
ils **installent**   3ᵉ pers. plur. indic. présent   ▶ 130

qu'ils **déballent**
qu'ils **installent**   3ᵉ pers. plur. subj. présent   ▶ 135

J'ENTENDS... **a.i** [aj]

J'ÉCRIS...

- ail	- ails		- aille	- ailles	- aillent
▷ - aux			▷ - e, - es, - ent		
			aille	ailles	aillent

- ail

SINGULIER D'UN NOM EN -AIL

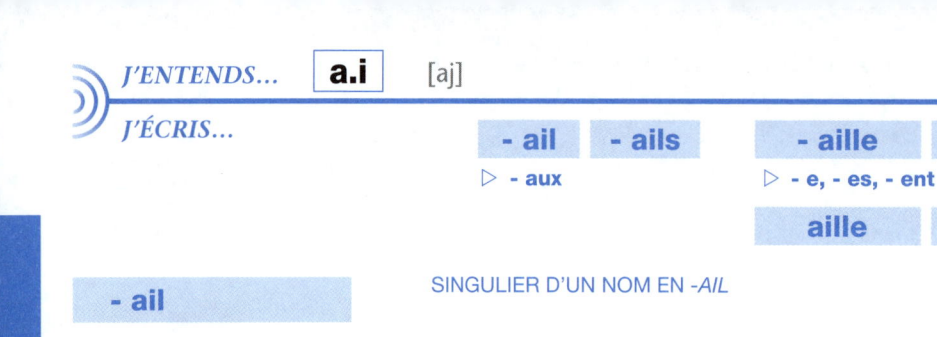

un **chandail**
un **détail**
un **épouvantail**
un **gouvernail**
un **rail**

ⓘ du **bétail**

→ Le nom *bétail* n'existe qu'au masc. sing.
→ Le nom *bestiaux* n'existe qu'au masc. plur.   ▷ **- AUX**

- ails

PLURIEL D'UN NOM EN -AIL

- Pluriel de -AIL en -AILS   ▶ 119

des **chandails**   un *chandail*
des **détails**   un *détail*
des **épouvantails**   un *épouvantail*
des **gouvernails**   un *gouvernail*
des **rails**   un *rail*

- Pluriel de -AIL en -AUX   uniquement dans…   ▶ 119

ⓘ des **baux**   un *bail*
des **coraux**   un *corail*
des **émaux**   un *émail*
des **soupiraux**   un *soupirail*
des **travaux**   un *travail*
des **vantaux**   un *vantail*
des **vitraux**   un *vitrail*

- Pluriel particulier

ⓘ des **aulx** (ou des **ails**)   de l'*ail*

aille	→ le sujet du verbe est **je (j')** ou peut être **il**, **elle**, **on**		
	✽ FORME DU VERBE *ALLER*		
que j'**aille**	1ʳᵉ et 3ᵉ pers. sing. subj. présent	▶ 135	aller
qu'il **aille**			

- aille	→ le sujet du verbe est **je (j')** ou peut être **il**, **elle**, **on**		
	✽ FINALE D'UN VERBE		
que je **travaille**	1ʳᵉ et 3ᵉ pers. sing. subj. présent	▶ 135	travailler
qu'elle **travaille**			
que je **vaille**			valoir
qu'il **vaille**			

bâiller
batailler
brailler
chamailler
cisailler
criailler
débroussailler
dérailler
détailler
discutailler
disputailler
émailler
embrousailler
empailler

- ailles	→ le sujet du verbe est **tu**		
	✽ FINALE D'UN VERBE		
que tu **travailles**	2ᵉ pers. sing. subj. présent	▶ 135	travailler
que tu **vailles**			valoir

(s') encanailler
entailler
entrebâiller
érailler
ferrailler
médailler
mitrailler
pailler
piailler
ravitailler
retailler
retravailler
ripailler
rouscailler
tailler
tenailler
tirailler
tournailler
trainailler ◆

ailles	→ le sujet du verbe est **tu**		
	✽ FORME DU VERBE *ALLER*		
que tu **ailles**	2ᵉ pers. sing. subj. présent	▶ 135	aller

- aillent	→ le sujet du verbe peut être **ils**, **elles**		
	✽ FINALE D'UN VERBE		
qu'elles **travaillent**	3ᵉ pers. plur. subj. présent	▶ 135	travailler
qu'ils **vaillent**			valoir

aillent	→ le sujet du verbe peut être **ils**, **elles**		
	✽ FORME DU VERBE *ALLER*		
qu'ils **aillent**	3ᵉ pers. plur. subj. présent	▶ 135	aller

Il faudrait que tous aillent consulter ce gentil médecin.

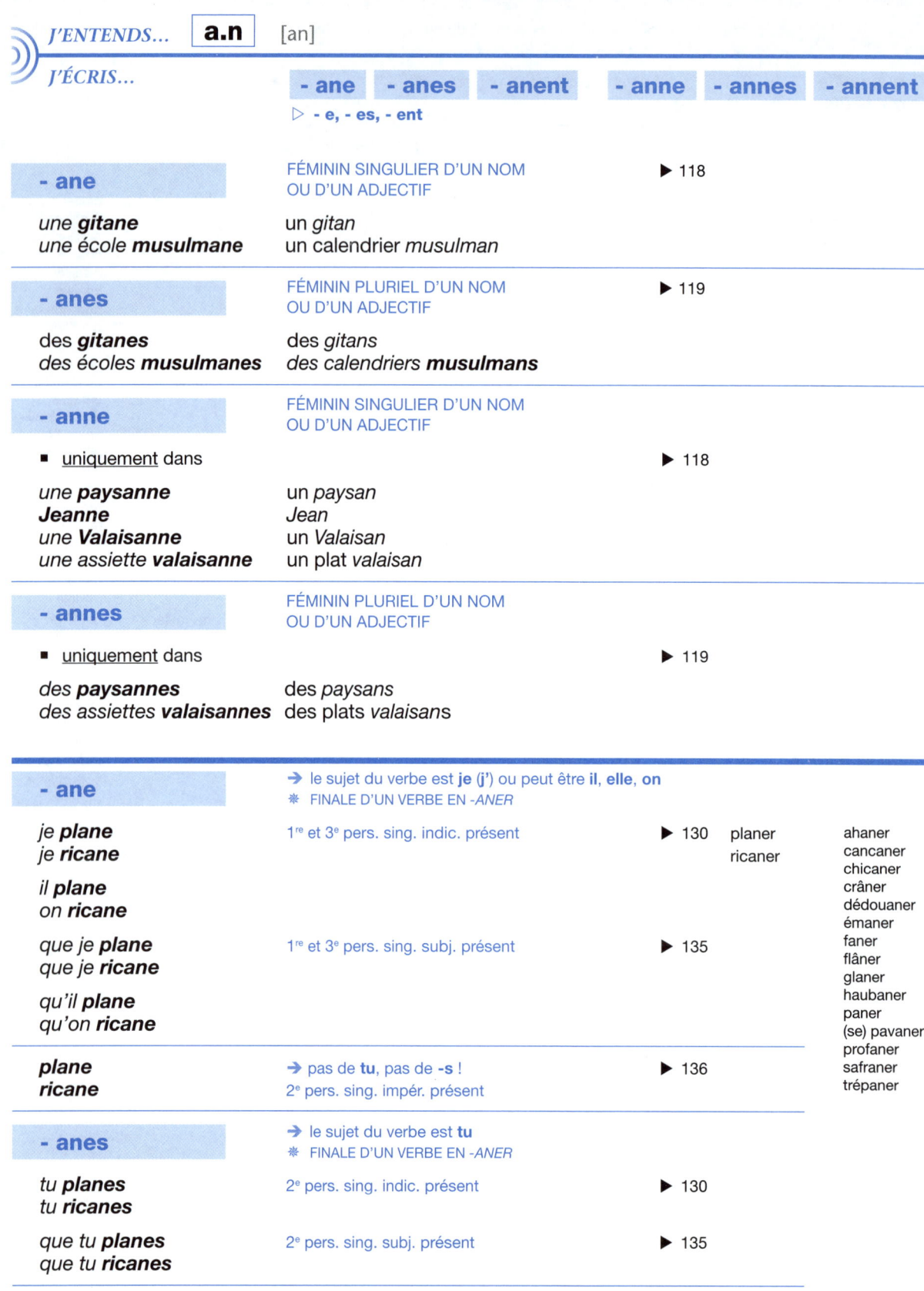

- anent

→ le sujet du verbe peut être **ils**, **elles**
❋ FINALE D'UN VERBE EN -ANER

ils **planent** ils **ricanent**	3ᵉ pers. plur. indic. présent	▶ 130
qu'ils **planent** qu'ils **ricanent**	3ᵉ pers. plur. subj. présent	▶ 135

- anne

→ le sujet du verbe est **je** (**j'**) ou peut être **il**, **elle**, **on**
❋ FINALE D'UN VERBE EN -ANNER

je **dépanne** je **scanne**	1ʳᵉ et 3ᵉ pers. sing. indic. présent	▶ 130	dépanner scanner	canner enrubanner tanner vanner
il **dépanne** on **scanne**				
que je **dépanne** que je **scanne**	1ʳᵉ et 3ᵉ pers. sing. subj. présent	▶ 135		
qu'il **dépanne** qu'on **scanne**				

dépanne **scanne**	→ pas de **tu**, pas de **-s** ! 2ᵉ pers. sing. impér. présent	▶ 136

- annes

→ le sujet du verbe est **tu**
❋ FINALE D'UN VERBE EN -ANNER

tu **dépannes** tu **scannes**	2ᵉ pers. sing. indic. présent	▶ 130
que tu **dépannes** que tu **scannes**	2ᵉ pers. sing. subj. présent	▶ 135

- annent

→ le sujet du verbe peut être **ils**, **elles**
❋ FINALE D'UN VERBE EN -ANNER

ils **dépannent** ils **scannent**	3ᵉ pers. plur. indic. présent	▶ 130
qu'ils **dépannent** qu'ils **scannent**	3ᵉ pers. plur. subj. présent	▶ 135

J'ENTENDS... **a.t** [at]

J'ÉCRIS...

| - ate | - âte | - ates | - âtes | - atent | - âtent |
| - atte | - attes | - attent | | | |

▷ - tes   ▷ - e, - es, - ent

- ate

FÉMININ SINGULIER D'UN NOM OU D'UN ADJECTIF ◆ 118

une **avocate**	un *avocat*
une **candidate**	un *candidat*
une réponse **immédiate**	un renvoi *immédiat*

adéquat, auvergnat, béat, délicat, fat, goujat, inadéquat, ingrat, lauréat, magistrat, mat, médiat, oblat, plat, rapiat, renégat, scélérat, ultraplat

- ates

FÉMININ PLURIEL D'UN NOM OU D'UN ADJECTIF ▶ 119

des **avocates**	des *avocats*
des **candidates**	des *candidats*
des réponses **immédiates**	des renvois *immédiats*

- atte

FÉMININ SINGULIER D'UN NOM

■ Féminin singulier de -AT en -ATTE <u>uniquement</u> dans... ▶ 118

| une **chatte** | un *chat* |

- attes

FÉMININ PLURIEL D'UN NOM

■ Féminin pluriel de -ATS en -ATTES <u>uniquement</u> dans... ▶ 118

| des **chattes** | des *chats* |

- ate

→ le sujet du verbe est **je (j')** ou peut être **il, elle, on**
✻ **FINALE D'UN VERBE EN** -ATER

je **date**			
il **date**	1ʳᵉ et 3ᵉ pers. sing. indic. présent	▶ 130	dater
que je **date**			
qu'il **date**	1ʳᵉ et 3ᵉ pers. sing. subj. présent	▶ 135	
date	→ pas de **tu**, pas de **-s** !	▶ 136	
pirate	2ᵉ pers. sing. impér. présent		pirater

acclimater, antidater, colmater, constater, déshydrater, dilater, éclater, épater, formater, frelater, hydrater, mandater, mater, postdater, réhydrater, relater, sulfater, empâter, démâter, gâter, hâler, tâter

- âte

→ le sujet du verbe est **je (j')** ou peut être **il, elle, on**
✻ **FINALE D'UN VERBE EN** -ÂTER

(i) j'**appâte**			
il **appâte**	1ʳᵉ et 3ᵉ pers. sing. indic. présent	▶ 130	appâter
que j'**appâte**			
qu'il **appâte**	1ʳᵉ et 3ᵉ pers. sing. subj. présent	▶ 135	
appâte	→ pas de **tu**, pas de **-s** !	▶ 136	
	2ᵉ pers. sing. impér. présent		

- ates

→ le sujet du verbe est **tu**
❋ FINALE D'UN VERBE EN *-ATER*

tu **dates** tu **pirates**	2ᵉ pers. sing. indic. présent	▶ 130
que tu **dates** que tu **pirates**	2ᵉ pers. sing. subj. présent	▶ 135

- âtes

→ le sujet du verbe est **tu**
❋ FINALE D'UN VERBE EN *-ÂTER*

(i) tu **appâtes**	2ᵉ pers. sing. indic. présent	▶ 130
que tu **appâtes**	2ᵉ pers. sing. subj. présent	▶ 135

- atent

→ le sujet du verbe peut être **ils**, **elles**
❋ FINALE D'UN VERBE EN *-ATER*

ils **datent** ils **piratent**	3ᵉ pers. plur. indic. présent	▶ 130
qu'ils **datent** qu'ils **piratent**	3ᵉ pers. plur. subj. présent	▶ 135

- âtent

→ le sujet du verbe peut être **ils**, **elles**
❋ FINALE D'UN VERBE EN *-ÂTER*

(i) ils **appâtent**	3ᵉ pers. plur. indic. présent	▶ 130
qu'ils **appâtent**	3ᵉ pers. plur. subj. présent	▶ 135

- atte

→ le sujet du verbe est **je (j')** ou peut être **il**, **elle**, **on**
❋ FINALE D'UN VERBE EN *-ATTER*

je **gratte** il **gratte**	1ʳᵉ et 3ᵉ pers. sing. indic. présent	▶ 130	gratter	baratter dénatter flatter natter regratter squatter
que je **gratte** qu'il **gratte**	1ʳᵉ et 3ᵉ pers. sing. subj. présent	▶ 135		

flatte **gratte**	→ pas de **tu**, pas de **-s** ! 2ᵉ pers. sing. impér. présent	▶ 136

- attes

→ le sujet du verbe est **tu**
❋ FINALE D'UN VERBE EN *-ATTER*

tu **grattes**	2ᵉ pers. sing. indic. présent	▶ 130
que tu **grattes**	2ᵉ pers. sing. subj. présent	▶ 135

- attent

→ le sujet du verbe peut être **ils**, **elles**
❋ FINALE D'UN VERBE EN *-ATTER*

ils **flattent** ils **grattent**	3ᵉ pers. plur. indic. présent	▶ 130
qu'ils **flattent** qu'ils **grattent**	3ᵉ pers. plur. subj. présent	▶ 135

- ent	➔ le sujet du verbe peut être **ils**, **elles**		
	✵ FINALE D'UN VERBE		
Ils **nagent**.	3ᵉ pers. plur. indic. présent	▶ 130	
Elles **grandissent**.			
Où **courent**-elles ?			
Les gens **savent**.			
Ils **attendent**.			
qu'elles **téléphonent**	3ᵉ pers. plur. subj. présent	▶ 135	téléphoner
qu'ils **cueillent**			cueillir
qu'elles **courent**			courir
qu'ils **sachent**			savoir
qu'ils **attendent**			attendre

Offre des fleurs... mais seulement en bulbes !

| J'ENTENDS… | **eu** | [ø] |

J'ÉCRIS… - eu   - eue   - eues   - eus   - eut   - eux   - œux   eux

- eu
SINGULIER D'UN NOM OU D'UN ADJECTIF

un **cheveu**
un **jeu**
un **pneu**

un ciel **bleu**

- eue
FÉMININ SINGULIER D'UN ADJECTIF ▶ 118

une chemise **bleue**   un pull *bleu*

- eues
FÉMININ PLURIEL D'UN ADJECTIF ▶ 119

des chemises **bleues**   des pulls *bleus*

- eus
PLURIEL D'UN NOM OU D'UN ADJECTIF

■ Pluriel de -EU en -EUS   uniquement dans   ▶ 119

des **bleus**   un *bleu*
des **pneus**   un *pneu*

des crayons **bleus**   un crayon *bleu*

- œux
PLURIEL D'UN NOM OU D'UN ADJECTIF

■ Pluriel de -ŒU en -ŒUX   uniquement dans…   ▶ 119

des **vœux**   un *vœu*
Meilleurs **vœux** !

ⓘ des **bœufs** [bø]   un *bœuf* [bœf]
des **œufs** [ø]   un *œuf* [œf]

- eux	PLURIEL D'UN NOM OU D'UN ADJECTIF		
■ Pluriel de -EU en -EUX		▶ 119	
des *aveux*	un *aveu*		
des *cheveux*	un *cheveu*		
des *dieux*	un *dieu*		
des *feux*	un *feu*		
des *jeux*	un *jeu*		
des *lieux*	un *lieu*		
des *neveux*	un *neveu*		
des *Hébreux*	un *Hébreu*		
des textes *hébreux*	un texte *hébreu*		
(*i*) des *yeux*	un *œil,* mais aussi des *œils-de-bœuf* (= fenêtres)		
les *cieux*	un *ciel,* mais aussi *des ciels* (ex. : *des ciels bleus*)		
des *aïeux*	un *aïeul,* mais aussi *des aïeuls* (= grands-parents)		

- eux	→ le sujet du verbe est **je** ou **tu**		
	✽ FINALE D'UN VERBE		
je *peux*	1ʳᵉ et 2ᵉ pers. sing. indic. présent	▶ 130	pouvoir
tu *peux*			
je *veux*			vouloir
tu *veux*			

- eus	→ le sujet du verbe est **je (j')** ou **tu**		
	✽ FINALE D'UN VERBE		
j'*émeus*	1ʳᵉ et 2ᵉ pers. sing. indic. présent	▶ 130	émouvoir
tu *émeus*			
émeus	2ᵉ pers. sing. impér. présent		émouvoir

- eut	→ le sujet du verbe peut être **il**, **elle**, **on**		
	✽ FINALE D'UN VERBE		
il *émeut*	3ᵉ pers. sing. indic. présent	▶ 130	émouvoir
il *peut*			pouvoir
il *veut*			vouloir
il *pleut*			pleuvoir

(*i*) *eux*	→ peut être remplacé par **elles**		
eux-mêmes	PRONOM PERSONNEL		

	- eur	- eurs	- eurt	- eure	- eures	- eurent
		▷ - teur		▷ - e, - es, - ent		
		▷ leur, leurs				

- eur

MASCULIN SINGULIER D'UN NOM
OU D'UN ADJECTIF

antérieur
extérieur
inférieur
intérieur
majeur
mineur
postérieur
supérieur

meilleur

- eurs

MASCULIN PLURIEL D'UN NOM
OU D'UN ADJECTIF

- Pluriel de -EUR en -EURS ▶ 119

antérieurs	*antérieur*
extérieurs	*extérieur*
inférieurs	*inférieur*
intérieurs	*intérieur*
majeurs	*majeur*
mineurs	*mineur*
postérieurs	*postérieur*
supérieurs	*supérieur*
meilleurs	*meilleur*

- eure

FÉMININ SINGULIER D'UN NOM
OU D'UN ADJECTIF

- Féminin de -EUR en -EURE ▶ 118

antérieure	*antérieur*
extérieure	*extérieur*
inférieure	*inférieur*
intérieure	*intérieur*
majeure	*majeur*
mineure	*mineur*
postérieure	*postérieur*
supérieure	*supérieur*
meilleure	*meilleur*

- Féminin de -EUR en -EUSE ▷ - **euse**

ⓘ une **chanteuse**   un *chanteur*

- Féminin de -TEUR en -TRICE ▷ - **trice**

ⓘ une **monitrice**   un *moniteur*

| **- eures** | FÉMININ PLURIEL D'UN NOM ET D'UN ADJECTIF |

- Féminin pluriel de -EURS en -EURES ▶ 118

antérieures	*antérieurs*
extérieures	*extérieurs*
inférieures	*inférieurs*
intérieures	*intérieurs*
majeures	*majeurs*
mineures	*mineurs*
postérieures	*postérieurs*
supérieures	*supérieurs*
meilleures	*meilleurs*

| **- eurs** | → le sujet du verbe est **je** ou **tu** |
| | ✼ FINALE D'UN VERBE |

je **meurs**	1ʳᵉ et 2ᵉ pers. sing. indic. présent	▶ 130	mourir
tu **meurs**			

meurs	2ᵉ pers. sing. impér. présent	▶ 136	mourir

| **- eurt** | → le sujet du verbe peut être **il**, **elle**, **on** |
| | ✼ FINALE D'UN VERBE |

il **meurt**	3ᵉ pers. sing. indic. présent	▶ 130	mourir

| **- eure** | → le sujet du verbe est **je** ou peut être **il**, **elle**, **on** |
| | ✼ FINALE D'UN VERBE |

que je **meure**	1ʳᵉ pers. sing. subj. présent	▶ 135	mourir	
que je **pleure**			pleurer	affleurer
				apeurer
				demeurer
qu'il **pleure**	3ᵉ pers. sing. subj. présent			effleurer

| **- eures** | → le sujet du verbe est **tu** |
| | ✼ FINALE D'UN VERBE |

que tu **meures**	2ᵉ pers. sing. subj. présent	▶ 135	mourir
que tu **pleures**			pleurer

| **- eurent** | → le sujet du verbe peut être **ils**, **elles** |
| | ✼ FINALE D'UN VERBE |

ils **meurent**	3ᵉ pers. plur. indic. présent	▶ 130	mourir
elles **pleurent**			pleurer

qu'ils **meurent**	3ᵉ pers. plur. subj. présent	▶ 135	
qu'elles **pleurent**			

J'ENTENDS... eu.z [œz]

J'ÉCRIS...

	- euse	- euses	- eusent
	▷ - eur	▷ - e, - es, - ent	
	▷ - teur		

- euse

FÉMININ SINGULIER D'UN NOM OU D'UN ADJECTIF

■ Féminin de -EUR en -EUSE — si le mot correspond à un verbe ▶ 118

une **chanteuse** — un *chanteur*
une **menteuse** — un *menteur*
une **vendeuse** — un *vendeur*

trompeuse — *trompeur*

ⓘ ■ Féminin de -EUR en -EURE ▶ 118
une **supérieure** — un *supérieur*
une **inférieure** — un *inférieur*
une limite **inférieure** — un niveau *inférieur* ▷ - eur
une enfant **mineure** — un enfant *mineur*
une école **supérieure** — un degré *supérieur*

- euses

FÉMININ PLURIEL D'UN NOM ET D'UN ADJECTIF

des **chanteuses** — des *chanteurs* ▶ 119
des **menteuses** — des *menteurs*
des **vendeuses** — des *vendeurs*

flatteuses — *flatteurs*
trompeuses — *trompeurs*

ⓘ ■ Féminin de -EURS en -EURES
des **supérieures** — des *supérieurs* ▷ - eur
des **inférieures** — des *inférieurs*

des limites **inférieures** — des niveaux *inférieurs*
des filles **mineures** — des garçons *mineurs*
des écoles **supérieures** — des degrés *supérieurs*

- euse

→ le sujet du verbe est **je** ou peut être **il**, **elle**, **on**
✳ FINALE D'UN VERBE

je **creuse** — 1ʳᵉ pers. sing. indic. présent ▶ 130 — creuser
que je **creuse** — 1ʳᵉ pers. sing. subj. présent ▶ 135
il **creuse**, qu'il **creuse** — 3ᵉ pers. sing. indic. présent ou subj. présent

creuse — → pas de **tu**, pas de **-s** ! ▶ 136
2ᵉ pers. sing. impér. présent

- euses

→ le sujet du verbe est **tu**
✳ FINALE D'UN VERBE

tu **creuses** — 2ᵉ pers. sing. indic. présent ▶ 130
que tu **creuses** — 2ᵉ pers. sing. subj. présent ▶ 135

- eusent

→ le sujet du verbe peut être **ils**, **elles**
✳ FINALE D'UN VERBE

ils **creusent** — 3ᵉ pers. plur. indic. présent ▶ 130
qu'ils **creusent** — 3ᵉ pers. plur. subj. présent ▶ 135

J'ENTENDS... é [e]
J'ÉCRIS...

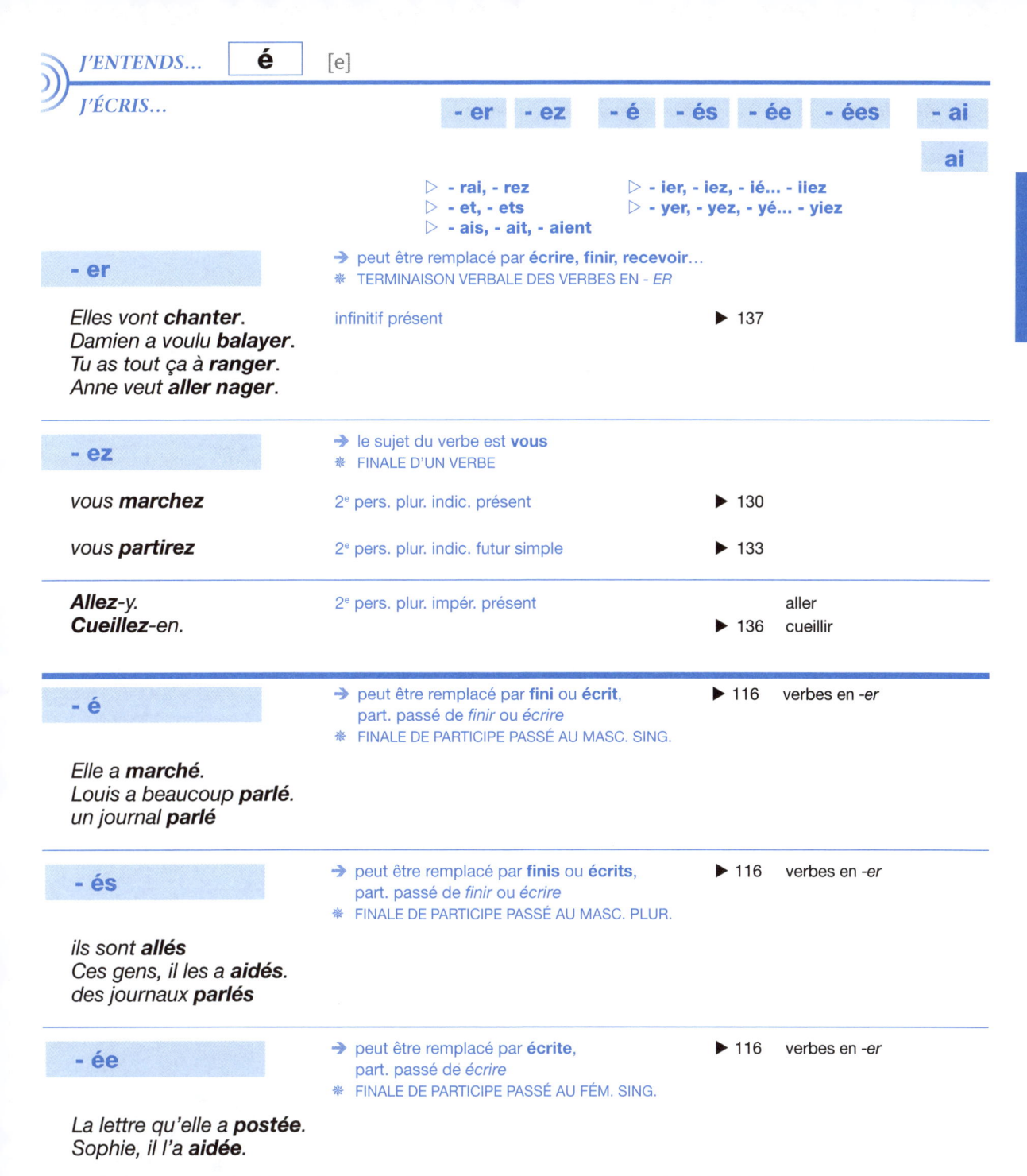

- er   **- ez**   **- é**   **- és**   **- ée**   **- ées**   **- ai**
                                                                  ai

▷ - rai, - rez   ▷ - ier, - iez, - ié... - iiez
▷ - et, - ets   ▷ - yer, - yez, - yé... - yiez
▷ - ais, - ait, - aient

- er	→ peut être remplacé par **écrire, finir, recevoir**...		
	✱ TERMINAISON VERBALE DES VERBES EN - *ER*		
Elles vont chanter.	infinitif présent	▶ 137	
Damien a voulu balayer.			
Tu as tout ça à ranger.			
Anne veut aller nager.			
- ez	→ le sujet du verbe est **vous**		
	✱ FINALE D'UN VERBE		
vous marchez	2ᵉ pers. plur. indic. présent	▶ 130	
vous partirez	2ᵉ pers. plur. indic. futur simple	▶ 133	
Allez-y.	2ᵉ pers. plur. impér. présent		aller
Cueillez-en.		▶ 136	cueillir
- é	→ peut être remplacé par **fini** ou **écrit**,	▶ 116	verbes en -*er*
	part. passé de *finir* ou *écrire*		
	✱ FINALE DE PARTICIPE PASSÉ AU MASC. SING.		
Elle a marché.			
Louis a beaucoup parlé.			
un journal parlé			
- és	→ peut être remplacé par **finis** ou **écrits**,	▶ 116	verbes en -*er*
	part. passé de *finir* ou *écrire*		
	✱ FINALE DE PARTICIPE PASSÉ AU MASC. PLUR.		
ils sont allés			
Ces gens, il les a aidés.			
des journaux parlés			
- ée	→ peut être remplacé par **écrite**,	▶ 116	verbes en -*er*
	part. passé de *écrire*		
	✱ FINALE DE PARTICIPE PASSÉ AU FÉM. SING.		
La lettre qu'elle a postée.			
Sophie, il l'a aidée.			
- ées	→ peut être remplacé par **écrites**,	▶ 116	verbes en -*er*
	part. passé de *écrire*		
	✱ FINALE DE PARTICIPE PASSÉ AU FÉM. PLUR.		
Les lettres qu'elle a postées.			
Ses amies, il les a aidées.			
Elles sont envoyées.			

- ai	→ le sujet du verbe est **je** (**j'**)		
	❋ FINALE D'UN VERBE		
je **marcherai**	1ʳᵉ pers. sing. indic. futur simple	▶ 133	
je **partirai**			partir
j'**irai**			aller
i je **courrai**	→ 2 R : le **R** du radical + le **R** du futur simple	▶ 133	courir
	1ʳᵉ pers. sing. indic. fut. simple		
je **filmai**	1ʳᵉ pers. sing. indic. passé simple	▶ 132	
j'**allai**			aller

ai	→ le sujet du verbe est **je** (**j'**)		
	❋ FORME VERBALE DU VERBE *AVOIR*		
J'**ai** soif.	1ʳᵉ pers. sing. indic. présent	▶ 130	avoir
Je lui **ai** expliqué.	1ʳᵉ pers. sing. indic. passé composé	▶ 126	*auxiliaire* avoir

Allez-y ! N'hésitez pas à les acheter. Ce sont de magnifiques souliers…

J'ENTENDS… è [ɛ]
J'ÉCRIS…

| - ais | - ait | - aie | - aies | - aient |
| aie | aies | ait | aient |

▷ - rais
▷ - çais
▷ - et, - ets, - êt, - êts ; es, est

- ais

→ le sujet du verbe est **je (j')** ou **tu**
✻ FINALE D'UN VERBE

je **parais**	1ʳᵉ et 2ᵉ pers. sing. indic. présent	▶ 130	paraitre ♦
je **disparais**			disparaitre ♦
tu **connais**			connaitre ♦
tu **reconnais**			reconnaitre ♦
je **fais**			faire
je **vais**			aller
je **plais**			plaire
je **sais**			savoir
je me **tais**			taire (se)
tu **fais**			
tu **plais**			
tu **sais**			
tu te **tais**			
j'**avais** soif	1ʳᵉ et 2ᵉ pers. sing. indic. imparfait	▶ 126	avoir
j'**étais** content		▶ 127	être
je **sifflais**			
tu **sortais**			sortir
tu le **connaissais**			connaitre ♦
j'**aurais**	1ʳᵉ et 2ᵉ pers. sing. indic. condit. présent	▶ 126	avoir
je **serais**		▶ 127	être
je **sifflerais**			
tu **sortirais**			sortir
tu les **connaitrais** ♦			connaitre ♦
fais	2ᵉ pers. sing. impér. présent	▶ 136	faire
plais			plaire
Tais-toi !			taire (se)
parais			paraitre ♦
disparais			disparaitre ♦
connais			connaitre ♦
reconnais			reconnaitre ♦
hais		▶ 136	haïr

- ait

→ le sujet du verbe peut être **il, elle, on**
✻ FINALE D'UN VERBE

il **fait**	3ᵉ pers. sing. indic. présent	▶ 130	faire
il **plait**			plaire
il **sait**			savoir
il se **tait**			taire (se)

29

ⓘ il **apparait** ♦ il **parait** ♦ il **disparait** ♦ elle **connait** ♦ elle **reconnait** ♦	3ᵉ pers. sing. indic. présent	▶ 130	apparaitre ♦ paraitre ♦ disparaitre ♦ connaitre ♦ reconnaitre ♦
il **avait** il **était** il **sifflait** elle **sortait** Elle les **connaissait**.	3ᵉ pers. sing. indic. imparfait	▶ 126 ▶ 127	avoir être sortir connaitre ♦
il **aurait** il **serait** il **sifflerait** elle **sortirait** Elle les **connaitrait**. ♦	3ᵉ pers. sing. indic. condit. présent	▶ 126 ▶ 127	avoir être connaitre ♦

- aient	→ le sujet du verbe peut être **ils**, **elles** ✼ FINALE D'UN VERBE		
elles **avaient** ils **étaient** ils **sifflaient** ils le **connaissaient**	3ᵉ pers. plur. indic. imparfait	▶ 126 ▶ 127	avoir être connaitre ♦
elles **auraient** ils **seraient** ils **siffleraient** elles **sortiraient** Elles le **connaitraient**. ♦	3ᵉ pers. plur. indic. condit. présent	▶ 126 ▶ 127	avoir être sortir connaitre ♦

aient	→ le sujet du verbe peut être **ils**, **elles** ✼ FORME VERBALE (1)		
qu'ils **aient**	3ᵉ pers. plur. subj. présent	▶ 126	avoir

aie	→ le sujet du verbe est **j'** ✼ FORME VERBALE (1)		
que j'**aie**	1ʳᵉ pers. sing. subj. présent	▶ 126	avoir
aie	→ pas de **tu**, pas de **-s** ! 2ᵉ pers. sing. impér. présent	▶ 126	avoir

aies	→ le sujet du verbe est **tu** ✼ FORME VERBALE (1)		
que tu **aies**	2ᵉ pers. sing. subj. présent	▶ 126	avoir

ait	→ le sujet du verbe peut être **il**, **elle**, **on** ✼ FORME VERBALE (1)		
qu'il **ait**	3ᵉ pers. sing. subj. présent	▶ 126	avoir

◊ En suivant l'orthographe traditionnelle, les verbes en -*aître* ont un accent circonflexe sur le *i* chaque fois que le *i* est devant un *t* : connaître, naître, paraître (et composés). Ex. : *il paraît*.

(1) Suivant les régions, *que j'aie, que tu aies, qu'il ait, qu'ils aient* se prononcent [ɛ] ou [e].

J'ENTENDS... è [ɛ]
J'ÉCRIS...

| - et | - ets | - êt | - êts | es | est |

▷ - ais, - ait   ▷ - aie, - aies, - ait, - aient
▷ - rais, - rait, - raient
▷ - ette, - ète
▷ - ai, - é, - és, - ée, - ées, - er, - ez, ai

- et	MASCULIN SINGULIER D'UN NOM OU D'UN ADJECTIF		
un **muet**			
un **préfet**			
un lit **douillet**			
un fruit **suret**			
un foulard **violet**			

- ets	MASCULIN PLURIEL D'UN NOM OU D'UN ADJECTIF	▶ 119	
des **muets**	un *muet*		
des **préfets**	un *préfet*		
des lits **douillets**	un lit *douillet*		
des fruits **surets**	un fruit *suret*		
des foulards **violets**	un foulard *violet*		

- et	→ le sujet du verbe peut être **il**, **elle**, **on** ✹ FINALE D'UN VERBE		
il **met** elle **promet**	3ᵉ pers. sing. indic. présent	▶ 130	mettre *et composés*

- ets	→ le sujet du verbe est **je** (**j'**) ou **tu** ✹ FINALE D'UN VERBE		
je **mets** tu **promets**	1ʳᵉ et 2ᵉ pers. sing. indic. présent	▶ 130	
mets **promets**	2ᵉ pers. sing. impér. présent	▶ 136	

- êt	→ le sujet du verbe peut être **il**, **elle**, **on** ✹ FINALE D'UN VERBE		
il **vêt**	3ᵉ pers. sing. indic. présent	▶ 130	vêtir *et composés*

- êts	→ le sujet du verbe est **je** ou **tu** ✹ FINALE D'UN VERBE		
je **vêts** tu **vêts**	1ʳᵉ et 2ᵉ pers. sing. indic. présent	▶ 130	
vêts	2ᵉ pers. sing. impér. présent	▶ 136	

es	→ le sujet du verbe est **tu** ✹ FORME DU VERBE *ÊTRE*		
tu **es**	2ᵉ pers. sing. indic. présent	▶ 127	être

est	→ le sujet du verbe peut être **il**, **elle**, **on** ✹ FORME DU VERBE *ÊTRE*		
il **est**	3ᵉ pers. sing. indic. présent	▶ 127	être

J'ENTENDS... è.i [εj]
J'ÉCRIS... - eil | - eils | - eille | - eilles | - eillent
▷ - e, - es, - ent

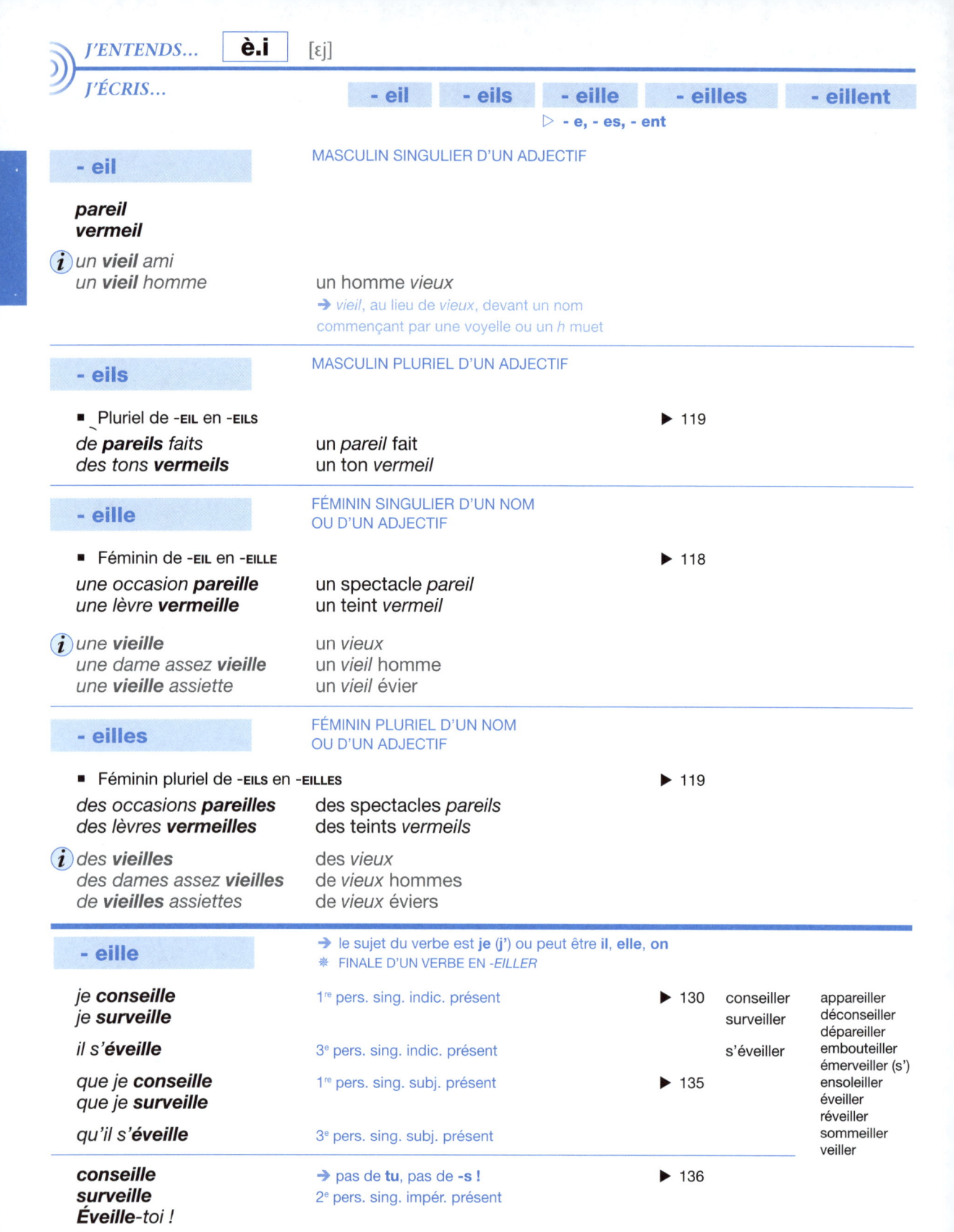

- eil
MASCULIN SINGULIER D'UN ADJECTIF

pareil
vermeil

ⓘ un **vieil** ami
un **vieil** homme | un homme *vieux*
→ *vieil*, au lieu de *vieux*, devant un nom commençant par une voyelle ou un *h* muet

- eils
MASCULIN PLURIEL D'UN ADJECTIF

■ Pluriel de -EIL en -EILS ▶ 119
de **pareils** faits | un *pareil* fait
des tons **vermeils** | un ton *vermeil*

- eille
FÉMININ SINGULIER D'UN NOM OU D'UN ADJECTIF

■ Féminin de -EIL en -EILLE ▶ 118
une occasion **pareille** | un spectacle *pareil*
une lèvre **vermeille** | un teint *vermeil*

ⓘ une **vieille** | un *vieux*
une dame assez **vieille** | un *vieil* homme
une **vieille** assiette | un *vieil* évier

- eilles
FÉMININ PLURIEL D'UN NOM OU D'UN ADJECTIF

■ Féminin pluriel de -EILS en -EILLES ▶ 119
des occasions **pareilles** | des spectacles *pareils*
des lèvres **vermeilles** | des teints *vermeils*

ⓘ des **vieilles** | des *vieux*
des dames assez **vieilles** | de *vieux* hommes
de **vieilles** assiettes | de *vieux* éviers

- eille
→ le sujet du verbe est **je** (j') ou peut être **il**, **elle**, **on**
✷ FINALE D'UN VERBE EN -EILLER

je **conseille**			conseiller appareiller
je **surveille**	1re pers. sing. indic. présent ▶ 130		surveiller déconseiller
			dépareiller
il s'**éveille**	3e pers. sing. indic. présent	s'éveiller	embouteiller
			émerveiller (s')
que je **conseille**	1re pers. sing. subj. présent ▶ 135		ensoleiller
que je **surveille**			éveiller
			réveiller
qu'il s'**éveille**	3e pers. sing. subj. présent		sommeiller
			veiller

conseille
surveille → pas de **tu**, pas de -**s** ! ▶ 136
Éveille-toi ! | 2e pers. sing. impér. présent

- eilles

→ le sujet du verbe est **tu**
❋ FINALE D'UN VERBE EN *-EILLER*

tu ***conseilles*** *tu* ***surveilles*** *tu t'****éveilles***	2e pers. sing. indic. présent	▶ 130
que tu ***conseilles*** *que tu* ***surveilles*** *que tu t'****éveilles***	2e pers. sing. subj. présent	▶ 135

- eillent

→ le sujet du verbe peut être **ils**, **elles**
❋ FINALE D'UN VERBE EN *-EILLER*

ils ***conseillent*** *ils* ***surveillent*** *elles s'****éveillent***	3e pers. plur. indic. présent	▶ 130
qu'ils ***conseillent*** *qu'ils* ***surveillent*** *qu'elles s'****éveillent***	3e pers. plur. subj. présent	▶ 135

J'ENTENDS...	**èl**	[ɛl]						
J'ÉCRIS...	- el	- els	- elle	- elles	- ellent	- èle	- èles	- èlent

▷ - e, - es, - ent

- el

MASCULIN SINGULIER D'UN NOM
OU D'UN ADJECTIF

un **colonel**
un **criminel**
un **intellectuel**
Axel
Gabriel
Michel

actuel
éternel
personnel

ⓘ un **bel** arbre → **bel**, au lieu de **beau**, devant un nom
un **bel** habit commençant par une voyelle ou un *h* muet

ⓘ *lequel* — PRONOM
auquel — PRONOM

- els

PLURIEL D'UN NOM OU D'UN ADJECTIF ▶ 119

des **colonels**   un *colonel*
des **criminels**   un *criminel*
des **intellectuels** un *intellectuel*

actuels   actuel
éternels   éternel
personnels personnel

ⓘ *lesquels* — PRONOM
auxquels — PRONOM

- elles

FÉMININ PLURIEL D'UN NOM
OU D'UN ADJECTIF

■ Pluriel de -ELS en -ELLES ▶ 119

des **colonelles**   des *colonels*
des **criminelles**   des *criminels*
des **intellectuelles** des *intellectuels*

actuelles   actuels
éternelles   éternels
personnelles personnels

ⓘ de **belles** allées   de *beaux* jardins, de *beaux* arbres   ▷ -EAUX
de petites **nouvelles** des petits *nouveaux*
des **chamelles**   des *chameaux*
des **jumelles**   des *jumeaux*

ⓘ *lesquelles* — PRONOM
auxquelles — PRONOM

- elle

FÉMININ SINGULIER D'UN NOM
OU D'UN ADJECTIF

■ Féminin de -EL en -ELLE ▶ 118

une **colonelle**	un *colonel*
une **criminelle**	un *criminel*
une **intellectuelle**	un *intellectuel*
Axelle	*Axel*
Gabrielle	*Gabriel*
Michelle	*Michel*
actuelle	*actuel*
éternelle	*éternel*
personnelle	*personnel*

(i) une **belle** allée un *beau* jardin, un *bel* arbre ▷ - EAU
une petite **nouvelle** un petit *nouveau*, un *nouvel* élève
une **chamelle** un *chameau*
une **jumelle** un *jumeau*

Michèle *Michel*

(i) *laquelle* PRONOM

- elle

→ le sujet du verbe est **je** (**j'**) ou peut être **il**, **elle**, **on**
❋ FINALE DES VERBES *APPELER*, *INTERPELER* ♦

j'**appelle**	1ʳᵉ et 3ᵉ pers. sing. indic. présent	▶ 130	appeler	rappeler
il **appelle**				
elle **interpelle**			interpeler ♦	
que j'**appelle**	1ʳᵉ et 3ᵉ pers. sing. subj. présent	▶ 135	appeler	
qu'il **appelle**				
qu'elle **interpelle**			interpeler ♦	
appelle	→ pas de **tu**, pas de **-s** !	▶ 136	appeler	
Interpelle-la !	2ᵉ pers. sing. impér. présent		interpeler ♦	

- elles

→ le sujet du verbe est **tu**
❋ FINALE DES VERBES *APPELER*, *INTERPELER* ♦

tu **appelles**	2ᵉ pers. sing. indic. présent	▶ 130	appeler	
tu **interpelles**			interpeler ♦	
que tu **appelles**	2ᵉ pers. sing. subj. présent	▶ 135	appeler	
que tu **interpelles**			interpeler ♦	

- ellent

→ le sujet du verbe peut être **ils**, **elles**
❋ FINALE DES VERBES *APPELER*, *INTERPELER* ♦

ils **appellent**	3ᵉ pers. plur. indic. présent	▶ 130	appeler	
elles **interpellent**			interpeler ♦	
qu'ils **appellent**	3ᵉ pers. plur. subj. présent	▶ 135	appeler	
qu'elles **interpellent**			interpeler ♦	

- èle	→ le sujet du verbe est **je** (**j'**) ou peut être **il**, **elle**, **on** ▶ 130			
	✸ FINALE D'UN VERBE EN -ELER ♦			
je **surgèle**	1ʳᵉ et 3ᵉ pers. sing. indic. présent	▶ 130	surgeler	amonceler
il **épèle** ♦			épeler	atteler
				bosseler
que je **surgèle**	1ʳᵉ et 3ᵉ pers. sing. subj. présent	▶ 135		bateler
qu'il **épèle** ♦				carreler
				chanceler
				ciseler
				congeler
surgèle	→ pas de **tu**, pas de **-s** !	▶ 136		craqueler
épèle ♦	2ᵉ pers. sing. impér. présent			créneler
				débosseler
				décarreler
				déceler
- èles	→ le sujet du verbe est **tu**			décongeler
	✸ FINALE D'UN VERBE EN -ELER ♦			déficeler
				dégeler
tu **surgèles**	2ᵉ pers. sing. indic. présent	▶ 130	surgeler	démanteler
tu **épèles** ♦			épeler	écarteler
				ficeler
que tu **surgèles**	2ᵉ pers. sing. subj. présent	▶ 135		geler
que tu **épèles** ♦				grommeler
				harceler
				jumeler
				marteler
				museler
- èlent	✸ FINALE D'UN VERBE EN -ELER ♦			niveler
				peler
ils **surgèlent**	3ᵉ pers. plur. indic. présent	▶ 130		rappeler
ils **épèlent** ♦				receler
				regeler
qu'ils **surgèlent**	3ᵉ pers. plur. subj. présent	▶ 135		remodeler
qu'ils **épèlent** ♦				renouveler
				ruisseler

(*i*) *elle* → peut être remplacé par *lui*
elle-même PRONOM PERSONNEL FÉMININ SINGULIER

elles → peut être remplacé par *eux*
elles-mêmes PRONOM PERSONNEL FÉMININ PLURIEL

◇ En suivant l'orthographe traditionnelle : *interpeller*
 - la plupart des verbes en *-eler* doublent le *l* devant un *e* muet. Ex. : *il épelle*.
 - les verbes en *-eler* qui suivent s'écrivent avec un accent grave sur le *e* précédant le *l* suivi d'un *e* muet.
Celer, ciseler, congeler, déceler, décongeler, dégeler, démanteler, écarteler, geler, marteler, modeler, peler, receler, remodeler, surgeler. Ex. : *il gèle*.

J'ENTENDS...	**èn** [ɛn]			
J'ÉCRIS...		- ène	- ènes	- ènent

▷ - e, - es, - ent
▷ - ienne

- ène

→ le sujet du verbe est **je (j')** ou peut être **il**, **elle**, **on**
✽ FINALE D'UN VERBE EN -ENER ▶ 136

je **mène**	1ʳᵉ et 3ᵉ pers. sing. indic. présent	▶ 130	mener
il **ramène**			ramener
que je **mène**	1ʳᵉ et 3ᵉ pers. sing. subj. présent	▶ 135	
qu'il **ramène**			

amener
(se) démener
égrener
emmener
gangrener
malmener
(se) promener
surmener

ramène → pas de **tu**, pas de **-s** !
2ᵉ pers. sing. impér. présent ▶ 136

- ènes

→ le sujet du verbe est **tu**
✽ FINALE D'UN VERBE EN -ENER ▶ 138

tu **mènes** — 2ᵉ pers. sing. indic. présent ▶ 130

que tu **ramènes** — 2ᵉ pers. sing. subj. présent ▶ 135

- ènent

→ le sujet du verbe peut être **ils**, **elles**
✽ FINALE D'UN VERBE EN -ENER ▶ 138

ils **ramènent** — 3ᵉ pers. plur. indic. présent ▶ 130

qu'ils **ramènent** — 3ᵉ pers. plur. subj. présent ▶ 135

ⓘ que tu **prennes** — 2ᵉ pers. sing. subj. présent — prendre
qu'il **prenne**, qu'ils **prennent** — 3ᵉ pers. sing. et plur. subj. présent

que tu **viennes** — 2ᵉ pers. sing. subj. présent — venir
qu'elle **vienne**, qu'elles **viennent** — 3ᵉ pers. sing. et plur. subj. présent

J'ENTENDS... èr [ɛʀ]

J'ÉCRIS... -ère   -ères   -èrent   -ers   -ert   -erds   -erd

▷ - e, - es, - ent

-ère — FÉMININ SINGULIER D'UN NOM OU D'UN ADJECTIF ▶ 118

une **bergère**	un *berger*
une **cavalière**	un *cavalier*
une **étrangère**	un *étranger*
une **meunière**	un *meunier*
une **ouvrière**	un *ouvrier*
une **passagère**	un *passager*
dernière	*dernier*
première	*premier*

(i) une **Khmère** — un *Khmer*

-ères — FÉMININ PLURIEL D'UN NOM OU D'UN ADJECTIF ▶ 119

des **bergères**	des *bergers*
des **cavalières**	des *cavaliers*
des **étrangères**	des *étrangers*
des **meunières**	des *meuniers*
des **ouvrières**	des *ouvriers*
des **passagères**	des *passagers*
dernières	*derniers*
premières	*premiers*

(i) des **Khmères** — des *Khmers*

-ère

→ le sujet du verbe est **je (j')** ou peut être **il**, **elle**, **on**
✲ FINALE D'UN VERBE EN -É.ER ▶ 138

je me **désaltère**	1ʳᵉ et 3ᵉ pers. sing. indic. présent	désaltérer (se)
il se **désaltère**		
que je me **désaltère**	1ʳᵉ et 3ᵉ pers. sing. subj. présent	
qu'il se **désaltère**		
(i) que j'**acquière**	1ʳᵉ et 3ᵉ pers. sing. subj. présent	acquérir
qu'il **acquière**		
désaltère-toi	→ pas de **tu**, pas de **-s** ! 2ᵉ pers. sing. impér. présent	

abréger
accéder
accélérer
adhérer
agglomérer
alléger
asséner
assiéger
blasphémer
budgéter
céder
compléter
concéder
confédérer
conférer
considérer
déblatérer
décéder
décélérer
décolérer
déconsidérer

décréter
dégénérer
déposséder
déprotéger
désagréger
désaltérer
désespérer
digérer
écrémer
empiéter
énumérer
espérer
exagérer
excéder
générer
gérer
incarcérer
inquiéter
insérer
(suite p. 39)

- ères	→ le sujet du verbe est **tu** ✻ FINALE D'UN VERBE EN *-É.ER*	▶ 138			
tu te **désaltères**	2ᵉ pers. sing. indic. présent	désaltérer (se)	(début p. 38) intercéder lacérer légiférer libérer macérer oblitérer obséder obtempérer opérer persévérer péter piéger pondérer posséder précéder préférer proférer proliférer prospérer	protéger refléter réfrigérer régénérer repérer rétrocéder révéler rouspéter secréter siéger succéder suggérer tempérer tolérer transférer ulcérer végéter vénérer vociférer
que tu te **désaltères**	2ᵉ pers. sing. subj. présent			
(i) que tu **acquières**	2ᵉ pers. sing. subj. présent	acquérir		
- èrent	→ le sujet du verbe peut être **ils**, **elles** ✻ FINALE D'UN VERBE EN *-É.ER*	▶ 138			
elles se **désaltèrent**	3ᵉ pers. plur. indic. présent	désaltérer (se)		
qu'ils se **désaltèrent**	3ᵉ pers. plur. subj. présent			
(i) qu'ils **acquièrent**	3ᵉ pers. plur. subj. présent	acquérir		
- ers	→ le sujet du verbe est **je (j')** ou **tu** ✻ FINALE D'UN VERBE				
je **sers**	1ʳᵉ pers. sing. indic. présent	▶ 130	servir	asservir desservir resservir
(i) j'**acquiers**			acquérir	
tu **sers**	2ᵉ pers. sing. indic. présent		servir	
(i) tu **acquiers**	2ᵉ pers. sing. indic. présent		acquérir	
sers	2ᵉ pers. sing. impér. présent		servir	
(i) **acquiers**	2ᵉ pers. sing. impér. présent		acquérir	
- ert	→ le sujet du verbe peut être **il**, **elle**, **on** ✻ FINALE D'UN VERBE				
elle **sert**	3ᵉ pers. sing. indic. présent	▶ 130	servir	
(i) il **acquiert**	3ᵉ pers. sing. indic. présent		acquérir	
- erd	→ le sujet du verbe peut être **il**, **elle**, **on** ✻ FINALE D'UN VERBE EN *-DRE*	▶ 138			
il **perd**	3ᵉ pers. sing. indic. présent		perdre	
- erds	→ le sujet du verbe est **je (j')** ou **tu** ✻ FINALE D'UN VERBE EN *-DRE*	▶ 138			
je **perds** tu **perds**	1ʳᵉ et 2ᵉ pers. sing. indic. présent		perdre	
perds	2ᵉ pers. sing. impér. présent			

J'ENTENDS... èt [ɛt]

J'ÉCRIS... - ette   - ettes   - ettent   - ète   - ètes   - ètent
            ▷ - ets   ▷ - e, - es, - ent   êtes

- ète

FÉMININ SINGULIER D'UN NOM OU D'UN ADJECTIF   ▶ 118

■ Féminin de -ET en -ÈTE   uniquement dans...

une **préfète**   un *préfet*
une **sous-préfète**   un *sous-préfet*

une classe **complète**   un groupe *complet*
une situation **concrète**   un cas *concret*
une expression **désuète**   un mot *désuet*
une femme **discrète**   un homme *discret*
une histoire **incomplète** un récit *incomplet*
une curiosité **indiscrète** un regard *indiscret*
une grand-mère **inquiète** un grand-père *inquiet*
une figure **replète**   un visage *replet*
une affaire **secrète**   un accord *secret*

- ètes

FÉMININ PLURIEL D'UN NOM OU D'UN ADJECTIF   ▶ 119

des **préfètes**   des *préfets*
des **sous-préfètes**   des *sous-préfets*

des classes **complètes**   des groupes *complets*
des situations **concrètes**   des cas *concrets*
des expressions **désuètes**   des mots *désuets*
des femmes **discrètes**   des hommes *discrets*
des histoires **incomplètes**   des récits *incomplets*
des curiosités **indiscrètes** des regards *indiscrets*
des grands-mères **inquiètes** des grands-pères *inquiets*
des figures **replètes**   des visages *replets*
des affaires **secrètes**   des accords *secrets*

- ette

FÉMININ SINGULIER D'UN NOM OU D'UN ADJECTIF   ▶ 118

■ Féminin de -ET en -ETTE

une **muette**   un *muet*

une chambre **douillette**   un lit *douillet*
une pomme **surette**   un fruit *suret*
une écharpe **violette**   un foulard *violet*

ⓘ une ligne **nette**   un trait *net* [nɛt]

- ettes	FÉMININ PLURIEL D'UN NOM OU D'UN ADJECTIF			
▪ Pluriel de -ETS en -ETTES		▶ 119		
des **muettes**	des *muets*			
des chambres **douillettes**	des lits *douillets*			
des pommes **surettes**	des fruits *surets*			
des écharpes **violettes**	des foulards *violets*			
(*i*) des lignes **nettes**	des traits *nets* [nɛt]			

- ette	→ le sujet du verbe est **je** (j') ou peut être **il**, **elle**, **on** ❋ FINALE DU VERBE JETER			
je **jette**	1ʳᵉ et 3ᵉ pers. sing. indic. présent	▶ 138	jeter	déjeter
il **jette**			rejeter	interjeter
elle **rejette**				projeter
				surjeter
que je **jette**	1ʳᵉ et 3ᵉ pers. sing. subj. présent	▶ 138		
qu'il **jette**				
qu'elle **rejette**				
(*i*) que je **mette**	1ʳᵉ et 3ᵉ pers. sing. subj. présent	▶ 135	mettre et *composés*	
qu'il **remette**				
jette	→ pas de **tu**, pas de **-s** !	▶ 136	jeter	
rejette	2ᵉ pers. sing. impér. présent		rejeter	

- ettes	→ le sujet du verbe est **tu** ❋ FINALE DU VERBE JETER			
tu **jettes**	2ᵉ pers. sing. indic. présent	▶ 138	jeter	
tu **rejettes**			rejeter	
que tu **jettes**	2ᵉ pers. sing. subj. présent	▶ 138		
que tu **rejettes**				
(*i*) que tu **mettes**	2ᵉ pers. sing. subj. présent	▶ 135	mettre et *composés*	
que tu **remettes**				

- ettent	→ le sujet du verbe peut être **ils**, **elles** ❋ FINALE DU VERBE JETER			
ils **jettent**	3ᵉ pers. plur. indic. présent	▶ 138	jeter	
elles **rejettent**			rejeter	
qu'ils **jettent**	3ᵉ pers. plur. subj. présent	▶ 138		
qu'elles **rejettent**				
(*i*) elles **mettent**	3ᵉ pers. plur. indic. présent	▶ 135	mettre et *composés*	
qu'elles **mettent**	3ᵉ pers. plur. subj. présent			

- ètes	→ le sujet du verbe est **tu** ❋ FINALE D'UN VERBE EN -ETER ♦			
tu **achètes**	2ᵉ pers. sing. indic. présent	▶ 138	acheter	béqueter
tu **feuillètes** ♦			feuilleter	breveter
tu **répètes**	(verbe en é.er)		répéter	
que tu **feuillètes** ♦	2ᵉ pers. sing. subj. présent	▶ 138		
que tu **répètes**	(verbe en é.er)			

- ète	→ le sujet du verbe est **je (j')** ou peut être **il**, **elle**, **on** ✸ FINALE D'UN VERBE EN *-ETER* ♦		
je **feuillète** ♦ je **répète**	1ʳᵉ et 3ᵉ pers. sing. indic. présent (verbe en é.er)	▶ 138	feuilleter répéter
elle **feuillète** ♦ il **répète**			
que je **feuillète** ♦ qu'elle **feuillète** ♦	1ʳᵉ et 3ᵉ pers. sing. subj. présent (verbe en é.er)	▶ 138	
que je **répète** qu'il **répète**			répéter
feuillète ♦ **répète**	→ pas de **tu**, pas de **-s** ! 2ᵉ pers. sing. impér. présent	▶ 138	
- ètent	→ le sujet du verbe peut être **ils**, **elles** ✸ FINALE D'UN VERBE EN *-ETER* ♦		
elles **feuillètent** ♦ ils **répètent**	3ᵉ pers. plur. indic. présent (verbe en é.er)	▶ 138	
qu'elles **feuillètent** ♦ qu'ils **répètent**	3ᵉ pers. plur. subj. présent (verbe en é.er)	▶ 138	
êtes	→ le sujet du verbe est **vous** ✸ FORME DU VERBE *ÊTRE*		
vous **êtes**	2ᵉ pers. plur. indic. présent	▶ 127	être
ⓘ **-tes** comme dans... vous **faites** vous **dites**	2ᵉ pers. plur. indic. présent	▶ 130	faire dire
faites **dites**	2ᵉ pers. plur. impér. présent	▶ 136	

En suivant les rectifications de l'orthographe (1990), les verbes en *-eter* sont conjugués sur le modèle d'*acheter* (sauf *jeter* et composés). Ex. : *il feuillète*…

◊ En suivant l'orthographe traditionnelle :
 - la plupart des verbes en *-eter* doublent le *t* devant un *e* muet. Ex. : *il feuillette*.
 - les verbes en *-eter* qui suivent s'écrivent avec un accent grave sur le *e* précédant le *t* suivi d'un *e* muet.
 Acheter, corseter, crocheter, fileter, fureter, haleter, racheter. Ex. : *il achète*.

J'ENTENDS... **an** [ã]

J'ÉCRIS... - and | - ands | - ant | - ants | - end | - ends

- ands
→ le sujet du verbe est **je** ou **tu**
✽ FINALE D'UN VERBE EN *-(AN)DRE*

je **répands**	1re pers. sing. indic. présent	▶ 138	répandre	épandre
tu **répands**	2e pers. sing. indic. présent			
répands	2e pers. sing. impér. présent	▶ 138		

- and
→ le sujet du verbe peut être **il**, **elle**, **on**
✽ FINALE D'UN VERBE EN *-(AN)DRE*

il **répand**	3e pers. sing. indic. présent	▶ 138

- ends
→ le sujet du verbe est **je** (**j'**) ou **tu**
✽ FINALE D'UN VERBE EN *-(EN)DRE*

j'**entends**	1re pers. sing. indic. présent	▶ 138	entendre	apprendre
je **comprends**			comprendre	attendre
je **défends**			défendre	condescendre
je **prends**			prendre	dépendre
je **vends**			vendre	désapprendre
				descendre
tu **entends**	2e pers. sing. indic. présent			détendre
tu **comprends**				distendre
tu **défends**				entendre
tu **prends**				entreprendre
tu **vends**				(s') éprendre
				étendre
				fendre
entends	2e pers. sing. impér. présent	▶ 138		(se) méprendre
comprends				pendre
défends				pourfendre
prends				prétendre
vends				réapprendre
				redescendre
				réentendre
				refendre
				rendre

- end
→ le sujet du verbe peut être **il**, **elle**, **on**
✽ FINALE D'UN VERBE EN *-(EN)DRE*

il **entend**	3e pers. sing. indic. présent	▶ 138	reprendre
il **comprend**			retendre
elle **défend**			revendre
il **prend**			sous-entendre
on **vend**			sous-tendre
			surprendre
			suspendre
			tendre

- ant
FINALE D'UN VERBE AU PARTICIPE PRÉSENT
OU FINALE D'UN ADJECTIF VERBAL

sortant de la classe	participe présent	▶ 137
en **naviguant** sur le fleuve		
un conseiller **sortant**	adjectif verbal	▶ 120
le personnel **navigant**		

- ants
FINALE D'UN ADJECTIF VERBAL AU PLURIEL

des conseillers **sortants**		▶ 120

J'ENTENDS...	**gu.**	[g]		
J'ÉCRIS...			**- gue** **- gues** **- guent**	
		▷ - e, - es, - ent		

- gue

→ le sujet du verbe est **je (j')** ou peut être **il**, **elle**, **on**
✳ FINALE D'UN VERBE EN -*GUER*

je **blague**	1ʳᵉ et 3ᵉ pers. sing. indic. présent	▶ 138	blaguer	alléguer
je **dialogue**			dialoguer	argüer
il **distingue**			distinguer	baguer
on **navigue**			naviguer	bloguer
				briguer
que je **blague**	1ʳᵉ et 3ᵉ pers. sing. subj. présent			cataloguer
que je **dialogue**				conjuguer
qu'il **distingue**				déboguer
qu'on **navigue**				déglinguer
				déléguer
				divaguer
				divulguer
blague	→ pas de **tu**, pas de **-s** !	▶ 138		draguer
dialogue	2ᵉ pers. sing. impér. présent			droguer
distingue				élaguer
navigue				endiguer
				épiloguer
				fatiguer
				flinguer
				fourguer

- gues

→ le sujet du verbe est **tu**
✳ FINALE D'UN VERBE EN -*GUER*

tu **blagues**	2ᵉ pers. sing. indic. présent	▶ 138	fuguer
tu **dialogues**			haranguer
			homologuer
que tu **blagues**	2ᵉ pers. sing. subj. présent	▶ 138	intriguer
que tu **dialogues**			investiguer
			irriguer
			larguer
			léguer
			meringuer
			monologuer
			narguer

- guent

→ le sujet du verbe peut être **ils**, **elles**
✳ FINALE D'UN VERBE EN -*GUER*

ils **distinguent**	3ᵉ pers. plur. indic. présent	▶ 138	prodiguer
ils **naviguent**			promulguer
			refourguer
qu'ils **distinguent**	3ᵉ pers. plur. subj. présent	▶ 138	reléguer
qu'ils **naviguent**			subjuguer
			taguer
			tanguer
			valdinguer
			voguer
			zigzaguer
			zinguer

J'ENTENDS... **i** [i]

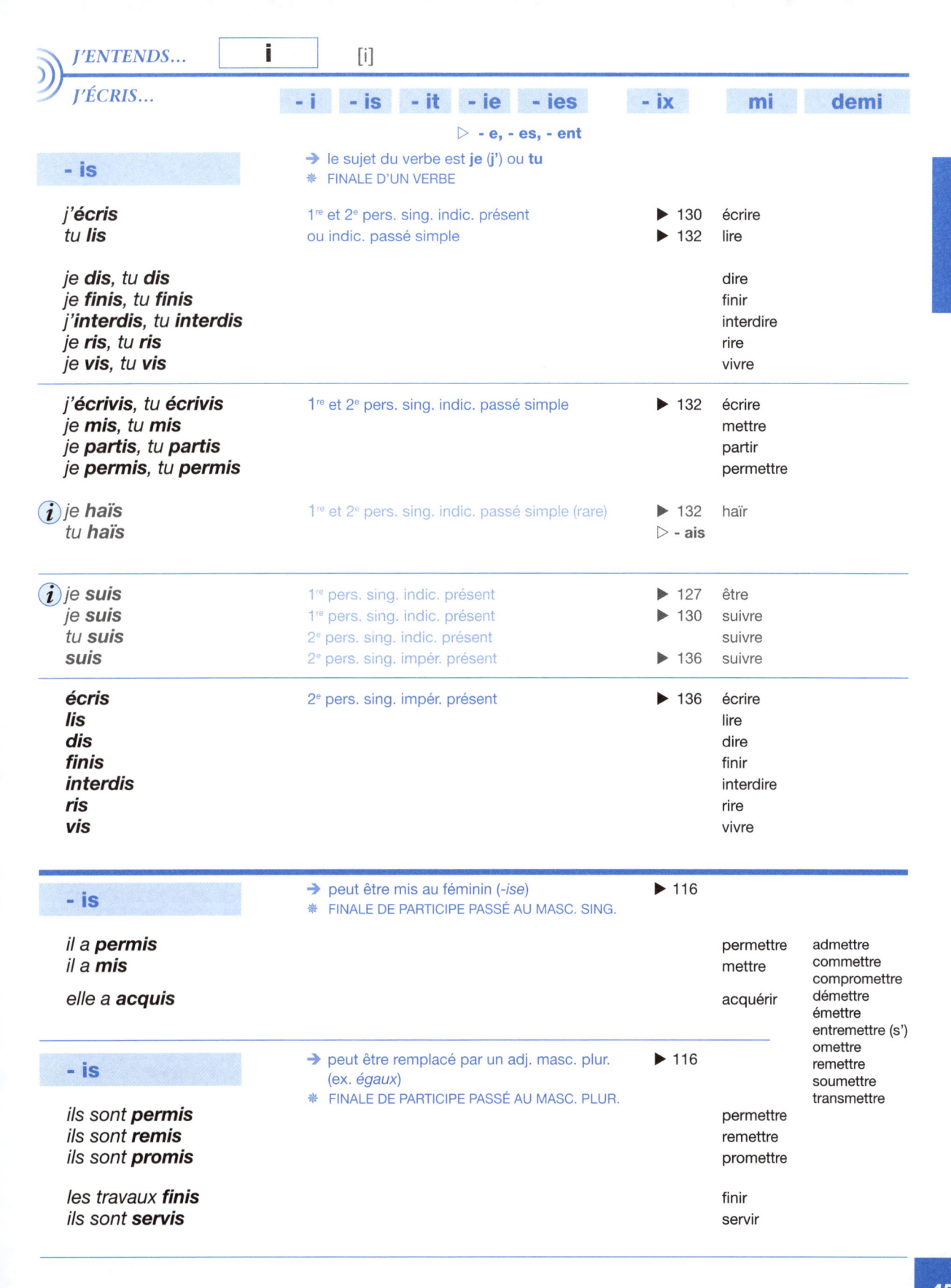

J'ÉCRIS... **- i** **- is** **- it** **- ie** **- ies** **- ix** **mi** **demi**

▷ - e, - es, - ent

- is	→ le sujet du verbe est **je** (**j'**) ou **tu** ❋ FINALE D'UN VERBE		
j'**écris** tu **lis**	1re et 2e pers. sing. indic. présent ou indic. passé simple	▶ 130 ▶ 132	écrire lire
je **dis**, tu **dis** je **finis**, tu **finis** j'**interdis**, tu **interdis** je **ris**, tu **ris** je **vis**, tu **vis**			dire finir interdire rire vivre
j'**écrivis**, tu **écrivis** je **mis**, tu **mis** je **partis**, tu **partis** je **permis**, tu **permis**	1re et 2e pers. sing. indic. passé simple	▶ 132	écrire mettre partir permettre
ⓘ je **haïs** tu **haïs**	1re et 2e pers. sing. indic. passé simple (rare)	▶ 132 ▷ - ais	haïr
ⓘ je **suis** je **suis** tu **suis** **suis**	1re pers. sing. indic. présent 1re pers. sing. indic. présent 2e pers. sing. indic. présent 2e pers. sing. impér. présent	▶ 127 ▶ 130 ▶ 136	être suivre suivre suivre
écris **lis** **dis** **finis** **interdis** **ris** **vis**	2e pers. sing. impér. présent	▶ 136	écrire lire dire finir interdire rire vivre

- is	→ peut être mis au féminin (*-ise*) ❋ FINALE DE PARTICIPE PASSÉ AU MASC. SING.	▶ 116		
il a **permis** il a **mis**			permettre mettre	admettre commettre compromettre
elle a **acquis**			acquérir	démettre émettre entremettre (s') omettre remettre soumettre transmettre

- is	→ peut être remplacé par un adj. masc. plur. (ex. *égaux*) ❋ FINALE DE PARTICIPE PASSÉ AU MASC. PLUR.	▶ 116	
ils sont **permis** ils sont **remis** ils sont **promis**			permettre remettre promettre
les travaux **finis** ils sont **servis**			finir servir

- it

→ le sujet du verbe peut être **il**, **elle**, **on**
✳ FINALE D'UN VERBE

il **écrit**	3ᵉ pers. sing. indic. présent	▶ 130	écrire
elle **lit**	et indic. passé simple	▶ 132	lire
on **dit**			dire
elle **finit**			finir
il **interdit**			interdire
il **rit**			rire
il **vit**			vivre

i il **écrivit** 3ᵉ pers. sing. indic. passé simple ▶ 132 écrire
elle **mit** mettre
il **partit** partir
on **vit** voir

i il **haït** 3ᵉ pers. sing. indic. passé simple (rare) haïr

i il **suit** 3ᵉ pers. sing. indic. présent ▶ 130 suivre

- it

→ peut être mis au féminin (*dite*) ▶ 116
✳ FINALE DE PARTICIPE PASSÉ AU MASC. SING.

un mot **dit** tout bas dire
elle a **écrit** écrire

- i

→ peut être remplacé par **reçu**, part. passé de *recevoir* ▶ 116
✳ FINALE DE PARTICIPE PASSÉ AU MASC. SING.

elle a **fini** finir
il est **parti** partir
un arbre **fleuri** fleurir
elles ont **servi** servir

i **béni, bénie** part. passé de *bénir* Un jour **béni**.
bénit, bénite part. passé de *bénir* De l'eau **bénite**, un objet **bénit** par des prières

- ie

→ peut être remplacé par **écrite**, part. passé de *écrire* ◆ 116
✳ FINALE DE PARTICIPE PASSÉ AU FÉM. SING.

La leçon est **finie**. finir
l'enveloppe qu'il a **choisie** choisir
une condition **définie** définir

- ies

→ peut être remplacé par **écrites**, part. passé de *écrire* ▶ 116
✳ FINALE DE PARTICIPE PASSÉ AU FÉM. PLUR.

Les leçons sont **finies**.
les enveloppes qu'il a **choisies**
des conditions **définies**

- ie	→ le sujet du verbe est **je** (**j'**) ou peut être **il**, **elle**, **on**		
	✱ FINALE D'UN VERBE EN -*IER*		
j'**étudie**	1ʳᵉ pers. sing. indic. présent	▶ 130	étudier ▶ 52
il **photographie**	3ᵉ pers. sing. indic présent		photographier (*verbes en* -ier)
que j'**étudie**	1ʳᵉ pers. sing. subj. présent	▶ 135	
qu'il **photographie**	3ᵉ pers. sing. subj. présent		
étudie	→ pas de **tu**, pas de **-s** !	▶ 136	
photographie	2ᵉ pers. sing. impér. présent		

- ies	→ le sujet du verbe est **tu**		
	✱ FINALE D'UN VERBE EN -*IER*		
tu **étudies**	2ᵉ pers. sing. indic. présent	▶ 130	
que tu **photographies**	2ᵉ pers. sing. subj. présent	▶ 135	

- ient	→ le sujet du verbe peut être **ils**, **elles**		
	✱ FINALE D'UN VERBE EN -*IER*		
ils **étudient**	3ᵉ pers. plur. indic. présent	▶ 130	
qu'ils **photographient**	3ᵉ pers. plur. subj. présent	▶ 135	

- ix	NOM SINGULIER OU PLURIEL	▶ 119
un *prix*	des *prix*	

demi, à demi, mi

ⓘ une **demi**-heure	*demi, mi…* + nom	invariable
des **demi**-finales	adverbe + trait d'union devant le nom	
une **demi**-douzaine		
à **mi**-chemin		

midi et **demi**	nom + *et* + *mi… demi*	variable en genre
trois heures et **demie**	*demi* adjectif	variable en genre
		invariable en nombre

trois **demis**	déterminant + *demi*	variable (*demi* est un nom)
le **demi** de cent		
Le train arrive à la **demie**.		

une tasse **à demi** remplie	*à demi* est adverbe	invariable

J'ENTENDS...	**ié** **i.ié**	[je] [i je]				
J'ÉCRIS...	**- ier**	**- iez**	**- iiez**	**- ié**	**- iés**	**- iée** **- iées**

▷ **- é**   ▷ **ayez**
▷ **- yer**   ▷ **soyez**

- ier

→ peut être remplacé par *écrire, finir*...
✶ FINALE D'UN VERBE EN *-IER*

crier	infinitif présent	▶ 137 crier	▶ 52
déplier		déplier	(*verbes en -ier*)
orthographier		orthographier	

- iez

→ le sujet du verbe peut être **vous**
✶ FINALE D'UN VERBE

vous **aviez**	2ᵉ pers. plur. indic. imparfait	▶ 131	avoir
vous **alliez**			aller
vous vous **habilliez**			s'habiller
vous **auriez**	2ᵉ pers. plur. indic. condit. présent	▶ 134	avoir
vous **iriez**			aller
vous vous **habilleriez**			s'habiller
que vous **alliez**	2ᵉ pers. plur. subj. présent		aller

- iiez

→ 2 i : **-i** du radical + terminaison **-iez**
✶ FINALE D'UN VERBE EN *-IER*

(i)
vous **criiez**	2ᵉ pers. plur. indic. imparfait	▶ 138	crier
vous vous **réfugiiez**			se réfugier
que vous **criiez**	2ᵉ pers. plur. subj. présent		

- ié

→ peut être remplacé par **fini** ou **écrit**   ▶ 116
✶ FINALE DE PARTICIPE PASSÉ AU MASC. SING.

un texte **copié**   copier

- iés

→ peut être remplacé par **finis** ou **écrits**,   ▶ 116
part. passé de *finir* ou *écrire*
✶ FINALE DE PARTICIPE PASSÉ AU MASC. PLUR.

des textes **copiés**

- iée

→ peut être remplacé par **écrite**,   ▶ 116
part. passé de *écrire*
✶ FINALE DE PARTICIPE PASSÉ AU FÉM. SING.

une page **copiée**

- iées

→ peut être remplacé par **écrites**,   ▶ 116
part. passé de *écrire*
✶ FINALE DE PARTICIPE PASSÉ AU FÉM. PLUR.

des pages **copiées**

J'ENTENDS... | **ié   i.ié** | [je] [i je]

J'ÉCRIS... | -yer | -yez | -yiez | -yé | -yés | -yée | -yées
▷ - é
▷ - ier

- yer	→ peut être remplacé par **écrire, finir, recevoir**	payer	aboyer
	✲ FINALE D'UN VERBE EN -YER		apitoyer
			appuyer
			balayer
payer	infinitif présent	▶ 137	bégayer
			broyer
			chatoyer
- yez	→ -y du radical + terminaison **-ez**	▶ 138	choyer
	→ le sujet du verbe est **vous**		convoyer
	✲ FINALE D'UN VERBE EN -YER		côtoyer
			déblayer
vous **payez**	2e pers. plur. indic. présent	payer	débrayer
vous **nettoyez**		nettoyer	délayer
vous **essuyez**		essuyer	déployer
			effrayer
			égayer
(i) *vous vous* **asseyez**	2e pers. plur. indic. présent	s'assoir ♦	embrayer
asseyez-*vous*	2e pers. plur. impér. présent		employer
			ennuyer
			enrayer
(i) *vous* **fuyez**	2e pers. plur. indic. présent	fuir	essayer
fuyez	2e pers. plur. impér. présent		essuyer
			envoyer
(i) *que vous* **ayez**	2e pers. plur. subj. présent	avoir	festoyer
que vous **soyez**	2e pers. plur. subj. présent	être	flamboyer
			foudroyer
			fourvoyer
payez	2e pers. plur. impér. présent		frayer
nettoyez			grasseyer
essuyez			guerroyer
			jointoyer
(i) **ayez**	2e pers. plur. impér. présent	▶ 126 avoir	larmoyer
soyez		▶ 127 être	louvoyer
			monnayer
			nettoyer
- yiez	→ -y du radical + terminaison **-iez**	▶ 138	noyer
	→ le sujet du verbe est **vous**		octroyer
	✲ FINALE D'UN VERBE EN -YER		pagayer
			payer
vous **payiez**	2e pers. plur. indic. imparfait	payer	ondoyer
vous **nettoyiez**		nettoyer	ployer
vous **essuyiez**		essuyer	poudroyer
			prépayer
que vous **payiez**	2e pers. plur. subj. présent	payer	rayer
			réemployer
(i) *vous vous* **asseyiez**	2e pers. plur. indic. imparfait	s'assoir ♦	rejointoyer
vous **fuyiez**		fuir	relayer
			remblayer
que vous **fuyiez**	2e pers. plur. subj. présent	fuir	renvoyer
			repayer
- yé	→ peut être remplacé par **fini** ou **écrit**	▶ 138	rudoyer
	✲ FINALE DE PARTICIPE PASSÉ AU MASC. SING.,		soudoyer
	VERBES EN -YER		sous-employer
			sous-payer
un loyer **payé**		▶ 116	tournoyer
un couloir **nettoyé**			tutoyer
Il s'est **ennuyé**.			verdoyer
			vouvoyer
			zézayer

◇   En suivant l'orthographe traditionnelle : *s'asseoir*.

49

- yés	→ peut être remplacé par **finis** ou **écrits**	▶ 138
	✷ FINALE DE PARTICIPE PASSÉ AU MASC. PLUR., VERBES EN -YER	
des loyers **payés** des couloirs **nettoyés** Ils se sont **ennuyés**.		▶ 116

- yée	→ peut être remplacé par **écrite**	▶ 138
	✷ FINALE DE PARTICIPE PASSÉ AU FÉM. SING., VERBES EN -YER	
une facture **payée** une cuisine **nettoyée** Elle s'est **ennuyée**.		▶ 116

- yées	→ peut être remplacé par **écrites**	▶ 138
	✷ FINALE DE PARTICIPE PASSÉ AU FÉM. PLUR., VERBES EN -YER	
des factures **payées** des cuisines **nettoyées** Elles se sont **ennuyées**.		▶ 116

J'ENTENDS… **i.in** [jɛ̃]

J'ÉCRIS…   **- iens**   **- ient**   **mien**   **tien**   **sien**
▷ **- ienne**

- iens	→ le sujet du verbe est **je** ou **tu**		
	✷ FINALE D'UN VERBE		
je **tiens** je **viens**	1ʳᵉ et 2ᵉ pers. sing. indic. présent	▶ 130	tenir venir se souvenir
tu **tiens** tu **viens**			
tiens **viens**	2ᵉ pers. sing. impér. présent	▶ 136	

- ient	→ le sujet du verbe peut être **il**, **elle**, **on**	
	✷ FINALE D'UN VERBE	
il **tient** on **vient** il **contient**	3ᵉ pers. sing. indic. présent	▶ 130

ⓘ mien, tien, sien   PRONOMS POSSESSIFS
miens, tiens, siens
le mien, le tien, le sien
les miens, les tiens, les siens

J'ENTENDS... i.èn [jɛn]

J'ÉCRIS... -ienne -iennes -iennent mienne tienne sienne

▷ -e, -es, -ent ▷ -ène

| **-ienne** | FÉMININ SINGULIER D'UN NOM OU D'UN ADJECTIF | ▶ 118 |

une **gardienne** un *gardien*
une **citoyenne** un *citoyen*
une **comédienne** un *comédien*
une **électricienne** un *électricien*
une **musicienne** un *musicien*

ancienne *ancien*
autrichienne *autrichien*
moyenne *moyen*

ⓘ une **Algérienne** un *Algérien*
une **Autrichienne** un *Autrichien*
une **Italienne** un *Italien*

| **-iennes** | FÉMININ PLURIEL D'UN NOM OU D'UN ADJECTIF | ▶ 119 |

des **gardiennes** des *gardiens*
des **citoyennes** des *citoyens*
des **comédiennes** des *comédiens*
des **électriciennes** des *électriciens*
des **musiciennes** des *musiciens*

anciennes *anciens*
autrichiennes *autrichiens*
moyennes *moyens*

ⓘ des **Algériennes** des *Algériens*
des **Autrichiennes** des *Autrichiens*
des **Italiennes** des *Italiens*

| **-ienne** | ➔ le sujet du verbe peut être **je (j')** ou **il**, **elle**, **on**
※ FINALE D'UN VERBE |

que je **tienne** 1ʳᵉ pers. sing. subj. présent ▶ 135 tenir
qu'il **vienne** 3ᵉ pers. sing. subj. présent venir

| **-iennes** | ➔ le sujet du verbe est **tu**
※ FINALE D'UN VERBE |

que tu **tiennes** 2ᵉ pers. sing. subj. présent ▶ 135 tenir
que tu **viennes** venir

| **-iennent** | ➔ le sujet du verbe peut être **ils**, **elles**
※ FINALE D'UN VERBE |

ils **viennent** 3ᵉ pers. plur. indic. présent ▶ 130 venir
qu'ils **tiennent** 3ᵉ pers. plur. subj. présent tenir
qu'elles **viennent**

ⓘ *mienne, tienne, sienne* PRONOMS POSSESSIFS
miennes, tiennes, siennes
la mienne, la tienne, la sienne
les miennes, les tiennes, les siennes

J'ENTENDS... **ion i.ion** [jɔ̃] [ijɔ̃]
J'ÉCRIS...

- ions   **- iions**

▷ **- rions**
▷ **- yons, - yions**

- ions

→ le sujet du verbe est **nous**
❋ FINALE D'UN VERBE

nous **avions**	1ʳᵉ pers. plur. indic. imparfait	▶ 126	avoir
nous **allions**		▶ 131	aller
nous **étions**		▶ 127	être
nous nous **habillions**			s'habiller
nous **aurions**	1ʳᵉ pers. plur. indic. condit. présent	▶ 126	avoir
nous **irions**		▶ 134	aller
nous **serions**		▶ 127	être
nous nous **habillerions**			s'habiller

ⓘ nous **rions** — 1ʳᵉ pers. plur. indic. présent — ▶ 130 — rire
nous **riions** — 1ʳᵉ pers. plur. indic. imparfait
que nous **riions** — 1ʳᵉ pers. plur. subj. présent

- iions

→ 2 i : -i du radical + terminaison -ions   ▶ 138
→ le sujet du verbe est **nous**
❋ FINALE D'UN VERBE EN *-IER*

nous **criions**	1ʳᵉ pers. plur. indic. imparfait	▶ 131	crier
nous nous **réfugiions**			réfugier

(*verbes en* -ier)
affilier
allier
amplifier
anesthésier
apparier
approprier
asphyxier
associer
balbutier
béatifier
bénéficier
bêtifier
bonifier
calligraphier
certifier
charrier
châtier
chier
clarifier
classifier
colorier
communier
concilier
confier

congédier
contrarier
copier
crier
crucifier
défier
délier
démystifier
déplier
déprécier
dévier
différencier
disqualifier
dissocier
diversifier
domicilier
(s') écrier
édifier
électrifier
envier
épier
estropier
étudier
euthanasier
expatrier

expédier
expier
exproprier
(s') extasier
falsifier
(se) fier
fortifier
frigorifier
fructifier
glorifier
gracier
humidifier
humilier
identifier
incendier
(s') ingénier
initier
injurier
intensifier
irradier
justifier
licencier
lier
liquéfier
lubrifier

manier
marier
(se) méfier
mendier
modifier
momifier
multiplier
négocier
nier
notifier
officier
orthographier
oublier
pacifier
parier
pépier
personnifier
photocopier
photographier
planifier
plastifier
plier
polycopier
prier
privilégier

publier
purifier
qualifier
radiographier
rallier
(se) ramifier
rapatrier
raréfier
rassasier
réconcilier
recopier
rectifier
réexpédier
(se) réfugier
relier
remanier
remarier
remédier
remercier
renier
répertorier
replier
répudier
requalifier
résilier

réunifier
rigidifier
sacrifier
sanctifier
scarifier
scier
signifier
simplifier
skier
solidifier
soucier
subsidier
supplicier
supplier
télégraphier
terrifier
torréfier
trier
unifier
varier
vérifier
vinifier
vitrifier

J'ENTENDS... **ion i.ion** [jɔ̃] [ijɔ̃]

J'ÉCRIS...   **- yons   - yions**

▷ **- ions**

- yons

→ **-y** du radical + terminaison **-ons**   ▶ 138   ▶ 49
→ le sujet du verbe peut être **nous**   (verbes en -yer)
✳ FINALE D'UN VERBE EN -YER

nous **payons**	1ʳᵉ pers. plur. indic. présent	▶ 130	payer
nous **nettoyons**			nettoyer
nous **essuyons**			essuyer
payons	1ʳᵉ pers. plur. impér. présent	▶ 136	payer
nettoyons			nettoyer
essuyons			essuyer
ⓘ nous nous **asseyons**	1ʳᵉ pers. plur. indic. présent		s'assoir ◆
nous nous **assoyons**			
asseyons-nous	1ʳᵉ pers. plur. impér. présent		
assoyons-nous			
nous **fuyons**	1ʳᵉ pers. plur. indic. présent		fuir
fuyons	1ʳᵉ pers. plur. impér. présent		
ayons	1ʳᵉ pers. plur. impér. présent	▶ 126	avoir
soyons		▶ 127	être
que nous **ayons**	1ʳᵉ pers. plur. subj. présent	▶ 126	avoir
que nous **soyons**		▶ 127	être

- yions

→ **-y** du radical + terminaison **-ions**   ▶ 138   ▶ 49
→ le sujet du verbe peut être **nous**
✳ FINALE D'UN VERBE EN -YER

nous **payions**	1ʳᵉ pers. plur. indic. imparfait	▶ 131	payer
nous **nettoyions**			nettoyer
nous **essuyions**			essuyer
ⓘ nous nous **asseyions**	1ʳᵉ pers. plur. indic. imparfait		s'assoir ◆
nous nous **assoyions**			
que nous **payions**	1ʳᵉ pers. plur. subj. présent		payer ▶ 49
nous **fuyions**	1ʳᵉ pers. plur. indic. imparfait		fuir
ⓘ que nous **fuyions**	1ʳᵉ pers. plur. subj. présent		fuir

◇ En suivant l'orthographe traditionnelle : *asseoir*.

J'ENTENDS...	**ir**	[iʀ]			
J'ÉCRIS...		- ir	- ire	- ires	- irent	- ïrent

▷ - e, - es, - ent

- ir

	✳ FINALE D'UN VERBE EN -*IR*		
finir	infinitif présent	▶ 137	
grandir			
maigrir			
offrir			
ouvrir			
partir			
tenir			
venir			

- ire

➔ le sujet du verbe est **je (j')**
✳ FINALE D'UN VERBE

j'**admire**	1ʳᵉ pers. sing. indic. présent	▶ 130	admirer	aspirer
je **respire**			respirer	attirer
				chavirer
respire	➔ pas de **tu**, pas de **-s** !	▶ 136		cirer
	2ᵉ pers. sing. impér. présent			conspirer
				déchirer
				délirer
				désirer

- ires

➔ le sujet du verbe est **tu**
✳ FINALE D'UN VERBE

			empirer
tu **admires**	2ᵉ pers. sing. indic. présent	▶ 130	(s') entredéchirer
tu **respires**			étirer
			expirer
			inspirer
			mirer
			retirer
			soupirer

- irent

➔ le sujet du verbe peut être **ils**, **elles**
✳ FINALE D'UN VERBE

				sous-virer
elles **admirent**	3ᵉ pers. plur. indic. présent	▶ 130		soutirer
				survirer
ils **finirent**	3ᵉ pers. plur. indic. passé simple	▶ 132	finir	tirer
ils **grandirent**			grandir	transpirer
ils **maigrirent**			maigrir	virer
ils **offrirent**			offrir	
ils **ouvrirent**			ouvrir	
ils **partirent**			partir	

- ïrent

➔ le sujet du verbe peut être **ils**, **elles**
✳ FINALE D'UN VERBE

(i) ils **haïrent**	3ᵉ pers. plur. indic. passé simple (rare)	▶ 132	haïr

J'ENTENDS... **in** [ɛ̃]

J'ÉCRIS... - ins | - int | - ainc | - aincs | - ains | - aint
- eint | - eins | plein

▷ - iens, - ient

- ins

je **tins**
je **vins**

tu **tins**
tu **vins**

→ le sujet du verbe est **je** ou **tu**
❋ FINALE D'UN VERBE

1ʳᵉ et 2ᵉ pers. sing. indic. passé simple ▶ 132 tenir *et composés*
venir

- int

il **tint**
il **vint**

ⓘ ils **tinrent** [tɛ̃ʀ]
ils **vinrent** [vɛ̃ʀ]

→ le sujet du verbe peut être **il**, **elle**, **on**
❋ FINALE D'UN VERBE

3ᵉ pers. sing. indic. passé simple ▶ 132 tenir
venir

→ le sujet du verbe peut être **ils**, **elles**
3ᵉ pers. plur. indic. passé simple

tenir
venir

- ainc

il **vainc**
il **convainc**

→ le sujet du verbe peut être **il**, **elle**, **on** ▶ 138
❋ FINALE D'UN VERBE EN -*CRE*

3ᵉ pers. sing. indic. présent ▶ 130 vaincre
convaincre

- aincs

je **vaincs**
tu **convaincs**

convaincs

→ le sujet du verbe est **je** ou **tu** ▶ 138
❋ FINALE D'UN VERBE EN -*CRE*

1ʳᵉ et 2ᵉ pers. sing. indic. présent ▶ 130 vaincre
convaincre

2ᵉ pers. sing. impér. présent

- ains

je **crains**
tu **crains**
Tu te **plains** toujours.

Plains-toi !

→ le sujet du verbe est **je** ou **tu** ▶ 138
❋ FINALE D'UN VERBE EN - *(A)INDRE*

1ʳᵉ et 2ᵉ pers. sing. indic. présent ▶ 130 craindre contraindre
se plaindre

2ᵉ pers. sing. impér. présent ▶ 136

- aint

elle **craint**
Il se **plaint** toujours.

Il est **craint**.

→ le sujet du verbe peut être **il**, **elle**, **on** ▶ 138
❋ FINALE D'UN VERBE EN - *(A)INDRE*

3ᵉ pers. sing. indic. présent ▶ 130 craindre
se plaindre

part. passé masc. sing. ▶ 137 craindre

- eins	→ le sujet du verbe est **je** ou **tu** ✳ FINALE D'UN VERBE EN - *(E)INDRE*	▶ 138		astreindre atteindre
j'**éteins** tu **peins** Tu te **teins** les cheveux.	1ʳᵉ et 2ᵉ pers. sing. indic. présent	▶ 130	éteindre peindre se teindre	ceindre dépeindre déteindre empreindre
éteins	2ᵉ pers. sing. impér. présent		éteindre	enceindre enfreindre étreindre
- eint	→ le sujet du verbe peut être **il**, **elle**, **on** ✳ FINALE D'UN VERBE EN - *(E)INDRE*	▶ 138		feindre geindre repeindre restreindre
elle **éteint** il **peint** Elle se **teint** les cheveux.	3ᵉ pers. sing. indic. présent	▶ 130	éteindre peindre se teindre	(se) teindre
Il a **éteint**.	part. passé masc. sing.	▶ 137	éteindre	

ⓘ plein

en avoir **plein** les mains	avant un déterminant	invariable	
un verre **plein** des verres **pleins** avoir les mains **pleines**	après un nom	variable	▶ 118-119

Je crains qu'il ne mette ses chaussures à l'envers !

J'ENTENDS... / J'ÉCRIS...   **jé**   [ʒe]

	j'ai	- geai			
	- ger	- gez	- gé	- gés	- gée	-gées

▷ - ai

j'ai

J'**ai** faim.

→ le sujet du verbe est **j'**
✽ FORME DU VERBE *AVOIR*

1ʳᵉ pers. sing. indic. présent   ▶ 126   avoir

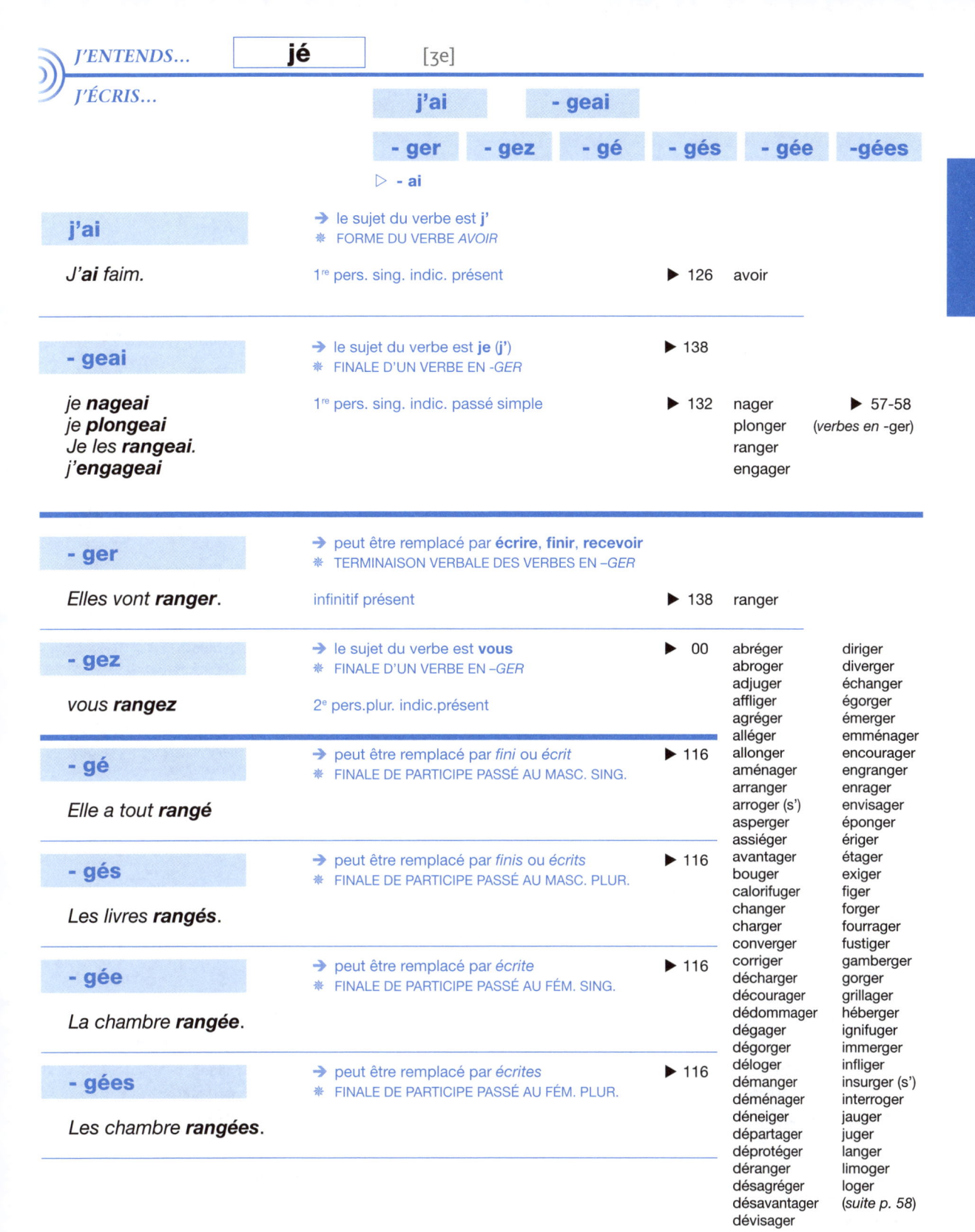

- geai

je **nageai**
je **plongeai**
Je les **rangeai**.
j'**engageai**

→ le sujet du verbe est **je (j')**   ▶ 138
✽ FINALE D'UN VERBE EN *-GER*

1ʳᵉ pers. sing. indic. passé simple   ▶ 132   nager   ▶ 57-58
plonger   (*verbes en -ger*)
ranger
engager

- ger

Elles vont **ranger**.

→ peut être remplacé par *écrire, finir, recevoir*
✽ TERMINAISON VERBALE DES VERBES EN *–GER*

infinitif présent   ▶ 138   ranger

- gez

vous **rangez**

→ le sujet du verbe est **vous**   ▶ 00
✽ FINALE D'UN VERBE EN *–GER*

2ᵉ pers. plur. indic. présent

- gé

Elle a tout **rangé**

→ peut être remplacé par *fini* ou *écrit*   ▶ 116
✽ FINALE DE PARTICIPE PASSÉ AU MASC. SING.

- gés

Les livres **rangés**.

→ peut être remplacé par *finis* ou *écrits*   ▶ 116
✽ FINALE DE PARTICIPE PASSÉ AU MASC. PLUR.

- gée

La chambre **rangée**.

→ peut être remplacé par *écrite*   ▶ 116
✽ FINALE DE PARTICIPE PASSÉ AU FÉM. SING.

- gées

Les chambre **rangées**.

→ peut être remplacé par *écrites*   ▶ 116
✽ FINALE DE PARTICIPE PASSÉ AU FÉM. PLUR.

abréger	diriger
abroger	diverger
adjuger	échanger
affliger	égorger
agréger	émerger
alléger	emménager
allonger	encourager
aménager	engranger
arranger	enrager
arroger (s')	envisager
asperger	éponger
assiéger	ériger
avantager	étager
bouger	exiger
calorifuger	figer
changer	forger
charger	fourrager
converger	fustiger
corriger	gamberger
décharger	gorger
décourager	grillager
dédommager	héberger
dégager	ignifuger
dégorger	immerger
déloger	infliger
démanger	insurger (s')
déménager	interroger
déneiger	jauger
départager	juger
déprotéger	langer
déranger	limoger
désagréger	loger
désavantager	(*suite p. 58*)
dévisager	

J'ENTENDS... **jè** [ʒɛ]

J'ÉCRIS...

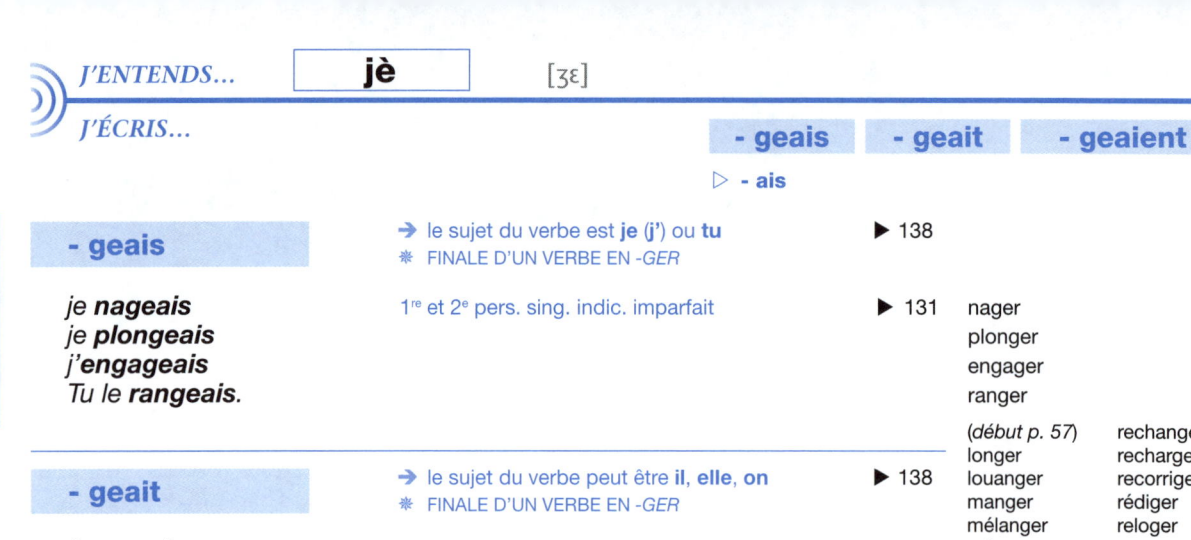

- geais	- geait	- geaient

▷ - ais

- geais

→ le sujet du verbe est **je (j')** ou **tu** ▶ 138
✼ FINALE D'UN VERBE EN -GER

je **nageais**
je **plongeais**
j'**engageais**
Tu le **rangeais**.

1ʳᵉ et 2ᵉ pers. sing. indic. imparfait ▶ 131

nager
plonger
engager
ranger

- geait

→ le sujet du verbe peut être **il, elle, on** ▶ 138
✼ FINALE D'UN VERBE EN -GER

il **nageait**
elle **plongeait**

Il les **rangeait**.

3ᵉ pers. sing. indic. imparfait ▶ 131

- geaient

→ le sujet du verbe peut être **ils, elles** ▶ 138
✼ FINALE D'UN VERBE EN -GER

ils **nageaient**
elles **plongeaient**
Ils le **rangeaient**.

3ᵉ pers. plur. indic. imparfait ▶ 131

(*début p. 57*)
longer
louanger
manger
mélanger
ménager
négliger
neiger
obliger
ombrager
outrager
partager
patauger
piéger
piger
propager
préjuger
présager
prolonger
protéger
purger
rager
rallonger
ramager
ravager
réaménager
réarranger

rechanger
recharger
recorriger
rédiger
reloger
remanger
reneiger
rengager
replonger
ronger
saccager
siéger
singer
songer
soulager
submerger
surcharger
surnager
surprotéger
télécharger
transiger
urger
vendanger
venger
vidanger
voltiger
voyager

J'ENTENDS... **jon** [ʒɔ̃]

J'ÉCRIS...

- geons

▷ -ons, -ont

- geons

→ le sujet du verbe est **nous** ▶ 138
✼ FINALE D'UN VERBE EN -GER

nous **nageons**
nous **partageons**
Nous le **rangeons**.

1ʳᵉ pers. plur. indic. présent ▶ 130

▶ 57-58
(*verbes en* -ger)

nager
partager
ranger

nageons
partageons
rangeons

1ʳᵉ pers. plur. impér. présent ▶ 136

J'ENTENDS... **me** [mə]

J'ÉCRIS...

- mes

- âmes	- îmes	- ïmes	- ûmes

▷ - tes

- mes

→ le sujet du verbe est **nous**
✱ FINALE D'UN VERBE

nous **sommes**	1ʳᵉ pers. plur. indic. présent	▶ 127	être
(i) nous **devînmes**	1ʳᵉ pers. plur. indic. passé simple	▶ 132	devenir
nous **tînmes**			tenir

- âmes

→ le sujet du verbe est **nous**
✱ TERMINAISON VERBALE

| nous **arrivâmes** | 1ʳᵉ pers. plur. indic. passé simple | ▶ 132 | arriver |
| nous **allâmes** | | | aller |

- îmes

→ le sujet du verbe est **nous**
✱ TERMINAISON VERBALE

nous **finîmes**	1ʳᵉ pers. plur. indic. passé simple	▶ 132	finir
nous **mîmes**			mettre
nous **fîmes**			faire

- ïmes

→ le sujet du verbe est **nous**
✱ TERMINAISON VERBALE

| (i) nous **haïmes** | 1ʳᵉ pers. plur. indic. passé simple (rare) | ▶ 132 | haïr |

- ûmes

→ le sujet du verbe est **nous**
✱ TERMINAISON VERBALE

nous **bûmes**	1ʳᵉ pers. plur. indic. passé simple	▶ 132	boire
nous **reçûmes**			recevoir
nous **dûmes**			devoir
nous **pûmes**			pouvoir
nous **voulûmes**			vouloir
(i) nous **eûmes**		▶ 126	avoir
nous **fûmes**		▶ 127	être

J'ENTENDS...	**man**	[mã]

J'ÉCRIS... — ment — (a)mment — (e)mment
mens   ment

- ment		
	TERMINAISON DES ADVERBES EN -*MENT*	▶ 121

■ -ment — ADJECTIF TERMINÉ PAR UNE VOYELLE + -*MENT*, ADVERBE EN -**MENT**

absolument — absolu
joliment — joli
poliment — poli

■ -ement — ADJECTIF AU FÉM. SING. + -*MENT*, ADVERBE EN -**EMENT**

fortement — fort, forte
lentement — lent, lente
sérieusement — sérieux, sérieuse

■ -ément — ADJECTIF AU FÉM. SING. (-*E* DEVIENT -*É*) + -*MENT*, ADVERBE EN -**ÉMENT**

énormément — énorme
immensément — immense
précisément — précis, précise

■ -amment — ADJECTIF EN -*ANT*, ADVERBE EN -**AMMENT**

abondamment — abondant
méchamment — méchant

■ -emment — ADJECTIF EN -*ENT*, ADVERBE EN -**EMMENT**

évidemment — évident
violemment — violent

(i) **brièvement** — bref — ▶ 121
gaiment (ou **gaiement**) — gai
gentiment — gentil
traitreusement — traitre

mens		
	→ le sujet du verbe est **je** ou **tu**	
	✳ FORME DU VERBE *MENTIR*	

je **mens** — 1re et 2e pers. sing. indic. présent — ▶ 130 — *mentir*
tu **mens**

mens — 2e pers. sing. impér. présent — ▶ 136

ment		
	→ le sujet du verbe peut être **il**, **elle**, **on**	
	✳ FORME DU VERBE *MENTIR*	

il **ment** — 3e pers. sing. indic. présent — ▶ 130 — *mentir*

J'ENTENDS… [o]

J'ÉCRIS…

- au	- aus	- aux	- aut
- eau	- eaux		

- au

MASCULIN SINGULIER D'UN NOM OU D'UN ADJECTIF

un *étau*
du *gruau*
un *joyau*
un *matériau*
un *préau*
un *tuyau*
un *Esquimau*

un village *esquimau*

(i) une femme *esquimaude*

- aus

PLURIEL D'UN NOM

- Pluriel de -AU en -AUS   uniquement dans…   ▶ 119

des *landaus*   un *landau*
des *sarraus*   un *sarrau*

- aux

PLURIEL D'UN NOM OU D'UN ADJECTIF

- Pluriel de -AU en -AUX   ▶ 119

des *étaux*   un *étau*
des *gruaux*   un *gruau*
des *joyaux*   un *joyau*
des *matériaux*   un *matériau*
des *préaux*   un *préau*
des *tuyaux*   un *tuyau*
des *Esquimaux*   un *Esquimau*

des villages *esquimaux*   un village *esquimau*

- Pluriel de -AL en -AUX   ▶ 119

des *animaux*   un *animal*   ▷ - AL / -ALS
des *bocaux*   un *bocal*
des *chevaux*   un *cheval*
des *journaux*   un *journal*

des renseignements *généraux*   un renseignement *général*
des hommes *loyaux*   un homme *loyal*
des comportements *bestiaux*   un comportement *bestial*

des *bestiaux*   → Le nom *bestiaux* n'existe qu'au masc. plur.

(i) des résultats *finals*   un résultat *final*
(ou des résultats *finaux*)
des hivers *glacials*   un hiver *glacial*
(ou des hivers *glaciaux*)

- Pluriel de -AIL en -AUX   uniquement dans…   ▶ 119
  des **baux**   un *bail*   ▷ - AIL
  des **coraux**   un *corail*
  des **émaux**   un *émail*
  des **soupiraux**   un *soupirail*
  des **travaux**   un *travail*
  des **vantaux**   un *vantail*
  des **vitraux**   un *travail*

(*i*) des **aulx** (ou des **ails**)   de l'*ail*

- aux	→ le sujet du verbe est **je** ou **tu**
	✱ FINALE D'UN VERBE

je **vaux**   1re et 2e pers. sing. indic. présent   ▶ 130   valoir
tu **vaux**

- aut	→ le sujet du verbe est **il**
	✱ FINALE D'UN VERBE

il **vaut**   3e pers. sing. indic. présent   ▶ 130   valoir
il **faut**   falloir

- eau	MASCULIN SINGULIER D'UN NOM OU D'UN ADJECTIF

un *agneau*
un *bouleau*
un *cadeau*
un *ciseau*
un *couteau*
un *drapeau*
un *niveau*
un *oiseau*
un *ruisseau*
un *seau*
un *tableau*
un *troupeau*

beau   ▷ - ELLE
jumeau
nouveau

- eaux	PLURIEL D'UN NOM OU D'UN ADJECTIF ▶ 119

des **agneaux**   un *agneau*
des **bouleaux**   un *bouleau*
des **cadeaux**   un *cadeau*
des **ciseaux**   un *ciseau*
des **couteaux**   un *couteau*
des **drapeaux**   un *drapeau*
des **niveaux**   un *niveau*
des **oiseaux**   un *oiseau*
des **ruisseaux**   un *ruisseau*
des **seaux**   un *seau*
des **tableaux**   un *tableau*
des **troupeaux**   un *troupeau*

beaux   *beau*
jumeaux   *jumeau*
nouveaux   *nouveau*

J'ENTENDS...	**w.oin**	[wɛ̃]			
J'ÉCRIS...			**- oins**	**- oint**	**- oints**

- oins

	→ le sujet du verbe est **je (j')** ou **tu**	▶ 138	
	✷ FINALE D'UN VERBE EN - *(O)INDRE*		
je **joins**	1ʳᵉ et 2ᵉ pers. sing. indic. présent	▶ 130	joindre
tu **joins**			

adjoindre
disjoindre
enjoindre
joindre
oindre
poindre

joins	2ᵉ pers. sing. impér. présent	▶ 136

- oint

→ le sujet du verbe peut être **il**, **elle**, **on**
✷ FINALE D'UN VERBE EN - *(O)INDRE*

elle **joint**	3ᵉ pers. sing. indic. présent	▶ 130

- oint

→ peut être remplacé par *fini, écrit*
✷ FINALE DE PARTICIPE PASSÉ AU MASC. SING.

il a **rejoint**		▶ 116	rejoindre
elles avaient **rejoint**			

- oints

→ peut être remplacé par *finis, écrits*
✷ FINALE DE PARTICIPE PASSÉ AU MASC. PLUR.

ils sont **joints**	▶ 116
Elle les avait **rejoints**.	

J'ENTENDS...	**o.n**	[ɔn]			
J'ÉCRIS...	**- onne** **- onnes** **- onnent**		**- one** **- ones** **- onent**		

▷ **- e, - es, - ent**

- onne

FÉMININ SINGULIER D'UN NOM OU D'UN ADJECTIF ▶ 118

une **bucheronne** ♦	un *bucheron* ♦
une **cochonne**	un *cochon*
une **lionne**	un *lion*
bonne	*bon*
brabançonne	*brabançon*
poltronne	*poltron*
wallonne	*wallon*

(*i*) **Simone** — *Simon*
une **Wallonne** — un *Wallon*

- onnes

FÉMININ PLURIEL D'UN NOM OU D'UN ADJECTIF ▶ 119

des **bucheronnes** ♦	un *bucheron* ♦
des **cochonnes**	un *cochon*
des **lionnes**	un *lion*
bonnes	*bons*
brabançonnes	*brabançons*
poltronnes	*poltrons*
wallonnes	*wallons*

- onne

→ le sujet du verbe est **je (j')** ou peut être **il**, **elle**, **on**
❊ FINALE D'UN VERBE

je **sonne** il **sonne**	1re et 3e pers. sing. indic. présent	▶ 130	sonner
que je **sonne** qu'il **sonne**	1re et 3e pers. sing. subj. présent	▶ 135	
sonne	→ pas de **tu**, pas de **-s** ! 2e pers. sing. impér. présent	▶ 136	

- onnes

→ le sujet du verbe est **tu**
❊ FINALE D'UN VERBE

tu **sonnes**	2e pers. sing. indic. présent	▶ 130	sonner
que tu **sonnes**	2e pers. sing. subj. présent	▶ 135	

- onnes

→ le sujet du verbe peut être **ils**, **elles**
❊ FINALE D'UN VERBE

ils **sonnent**	3e pers. plur. indic. présent	▶ 130	sonner
qu'ils **sonnent**	3e pers. plur. subj. présent	▶ 135	

◇ En suivant l'orthographe traditionnelle : *bûcheron*, *bûcheronne*.

- one **- ones** **- onent**	➔ Tous les verbes en *-onner* prennent 2 N sauf *cloner, cocooner, détoner* (*exploser*)*, dissoner, s'époumoner,* *ramoner, siliconer, téléphoner, zoner* ✻ FINALES D'UN VERBE		
je **téléphone** il **téléphone**	1ʳᵉ et 3ᵉ pers. sing. indic. présent	▶ 130	téléphoner
que je **téléphone** qu'il **téléphone**	1ʳᵉ et 3ᵉ pers. sing. subj. présent	▶ 135	
téléphone	➔ pas de **tu**, pas de **-s** ! 2ᵉ pers. sing. impér. présent	▶ 136	
tu **téléphones** que tu **téléphones**	2ᵉ pers. sing. indic. présent 2ᵉ pers. sing. subj. présent	▶ 130 ▶ 135	
ils **téléphonent** qu'ils **téléphonent**	3ᵉ pers. plur. indic. présent 3ᵉ pers. plur. subj. présent		

J'ENTENDS…   **o.t**   [ɔt]

J'ÉCRIS…   **- otte**   **- ottes**   **- ottent**   **- ote**   **- otes**   **- otent**

▷ **- e, - es, - ent**

- otte	FÉMININ SINGULIER D'UN NOM OU D'UN ADJECTIF		
■ Féminin singulier de **- ot** en **- otte** uniquement dans… une **sotte** un *sot* mais aussi dans **boulotte** (*boulot*), **pâlotte** (*pâlot*), **vieillotte** (*vieillot*)		▶ 118	

- ottes	FÉMININ PLURIEL D'UN NOM OU D'UN ADJECTIF		
■ Féminin pluriel de **- ots** en **- ottes** uniquement dans… des **sottes** des *sots* mais aussi dans **boulottes** (*boulots*), **pâlottes** (*pâlots*), **vieillottes** (*vieillots*)		▶ 118	

- otte, -ottes, **- ottent**	➔ le sujet du verbe peut être **je**, **tu**, **ils** ou **elles** ✻ FINALE D'UN VERBE			
je **flotte**, elle **flotte**	1ʳᵉ et 3ᵉ pers. sing. indic. présent	▶ 130	flotter	ballotter
que je **flotte**, qu'elle **flotte**	1ʳᵉ et 3ᵉ pers. sing. subj. présent	▶ 135		botter
flotte	2ᵉ pers. sing. impér. présent	▶ 136		boulotter boycotter
tu **flottes**, que tu **flottes**	2ᵉ pers. sing. indic. présent et subj. présent			carotter
elles **flottent**, qu'elles **flottent**	3ᵉ pers. plur. indic. présent et subj. présent			crotter décalotter décrotter

- ote, -otes, **- otent**	➔ le sujet du verbe peut être **je**, **tu**, **ils** ou **elles** ✻ FINALE D'UN VERBE			déculotter dégotter
je **note**, il **note**	1ʳᵉ et 3ᵉ pers. sing. indic. présent	▶ 130	noter	flotter frotter
que je **note**, qu'il **note**	1ʳᵉ et 3ᵉ pers. sing. subj. présent	▶ 135		garrotter
note	2ᵉ pers. sing. impér. présent	▶ 136		grelotter
tu **notes**, que tu **notes**	2ᵉ pers. sing. indic. présent et subj. présent			marcotter menotter
ils **notent**, qu'ils **notent**	3ᵉ pers. plur. indic. présent et subj. présent			numéroter trotter

- ote, -otes	FÉMININ SINGULIER ET PLURIEL D'UN NOM OU D'UN ADJECTIF	▶ 118
une **idiote** des **idiotes**	un *idiot* des *idiots*	

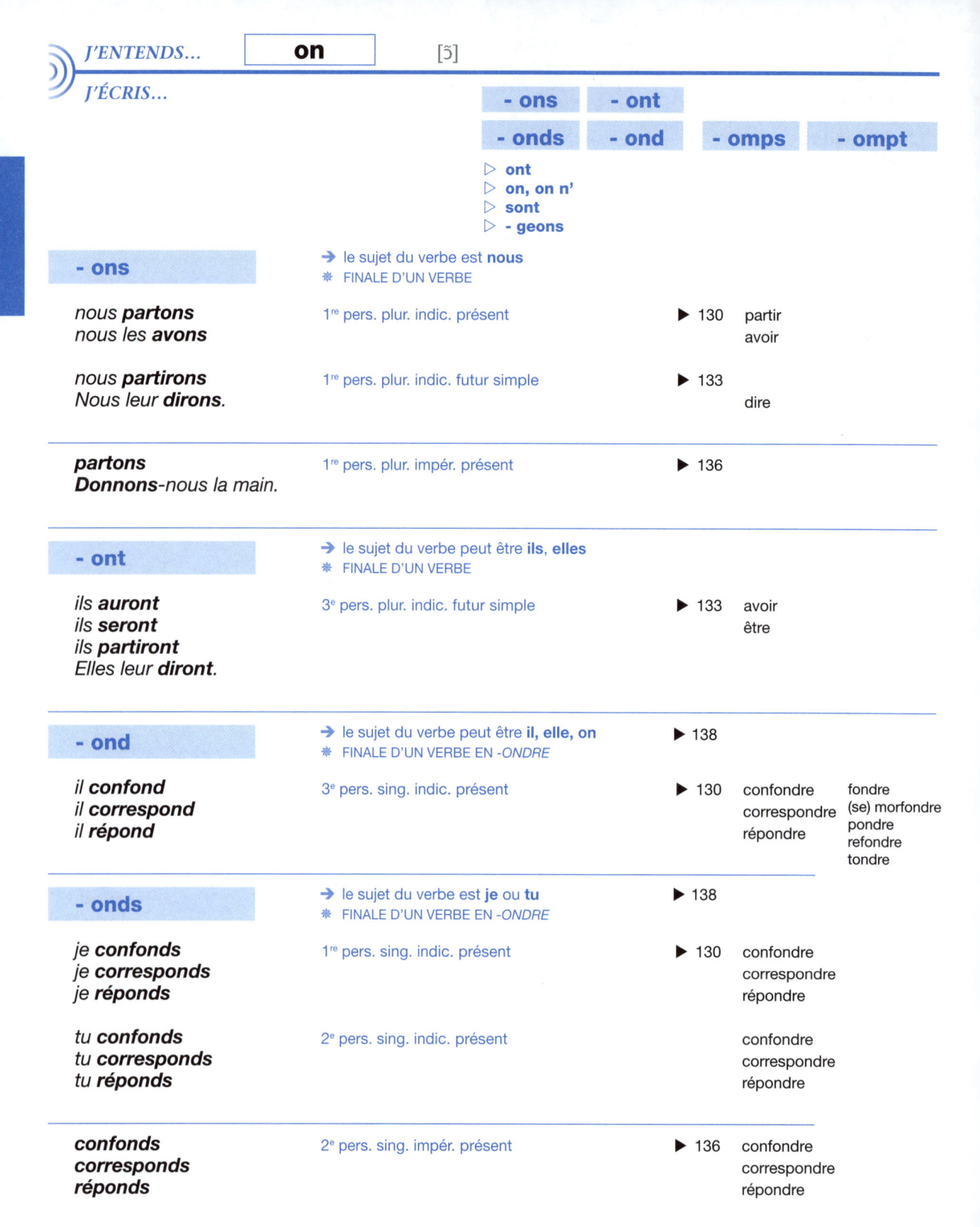

J'ENTENDS... on [õ]
J'ÉCRIS...

- ons	- ont		
- onds	- ond	- omps	- ompt

▷ **ont**
▷ **on, on n'**
▷ **sont**
▷ **- geons**

- ons

→ le sujet du verbe est **nous**
✽ FINALE D'UN VERBE

nous **partons**	1ʳᵉ pers. plur. indic. présent	▶ 130	partir
nous les **avons**			avoir
nous **partirons**	1ʳᵉ pers. plur. indic. futur simple	▶ 133	
Nous leur **dirons**.			dire
partons	1ʳᵉ pers. plur. impér. présent	▶ 136	
Donnons-nous la main.			

- ont

→ le sujet du verbe peut être **ils**, **elles**
✽ FINALE D'UN VERBE

ils **auront**	3ᵉ pers. plur. indic. futur simple	▶ 133	avoir
ils **seront**			être
ils **partiront**			
Elles leur **diront**.			

- ond

→ le sujet du verbe peut être **il, elle, on**   ▶ 138
✽ FINALE D'UN VERBE EN -ONDRE

il **confond**	3ᵉ pers. sing. indic. présent	▶ 130	confondre	fondre
il **correspond**			correspondre	(se) morfondre
il **répond**			répondre	pondre
				refondre
				tondre

- onds

→ le sujet du verbe est **je** ou **tu**   ▶ 138
✽ FINALE D'UN VERBE EN -ONDRE

je **confonds**	1ʳᵉ pers. sing. indic. présent	▶ 130	confondre
je **corresponds**			correspondre
je **réponds**			répondre
tu **confonds**	2ᵉ pers. sing. indic. présent		confondre
tu **corresponds**			correspondre
tu **réponds**			répondre
confonds	2ᵉ pers. sing. impér. présent	▶ 136	confondre
corresponds			correspondre
réponds			répondre

- omps	→ le sujet du verbe est **je (j')** ou **tu**			
	❋ FINALE D'UN VERBE			
j'**interromps** je **romps**	1ʳᵉ pers. sing. indic. présent	▶ 130	interrompre rompre	corrompre
tu **interromps** tu **romps**	2ᵉ pers. sing. indic. présent		interrompre rompre	
interromps **romps**	2ᵉ pers. sing. impér. présent	▶ 136		

- ompt	→ le sujet du verbe peut être **il, elle, on**			
	❋ FINALE D'UN VERBE			
il **interrompt** il **rompt**	3ᵉ pers. sing. indic. présent	▶ 130	interrompre rompre	

Je t'interromps… Il vaudrait mieux que tu téléphones à un autre moment !

| J'ENTENDS… | **ou** | [u] |

| | - ou | - ous | - oux |
| | - out | - ouds | - oud |

▷ ou, où

- ou

	SINGULIER D'UN NOM OU D'UN ADJECTIF EN -OU	
un **clou**		
un **écrou**		
un **sou**		
un **trou**		
un **verrou**		
fou, un **fou**		

- ous

	PLURIEL D'UN NOM OU D'UN ADJECTIF EN -OU	▶ 119
des **clous**	un *clou*	
des **écrous**	un *écrou*	
des **sous**	un *sou*	
des **trous**	un *trou*	
des **verrous**	un *verrou*	
fous, des **fous**	*fou*, un *fou*	

- oux

	PLURIEL D'UN NOM OU D'UN ADJECTIF EN -OU	
■ Pluriel en -oux	uniquement dans…	▶ 119
des **bijoux**	un *bijou*	
des **cailloux**	un *caillou*	
des **choux**	un *chou*	
des **genoux**	un *genou*	
des **hiboux**	un *hibou*	
des **joujoux**	un *joujou*	
des **poux**	un *pou*	

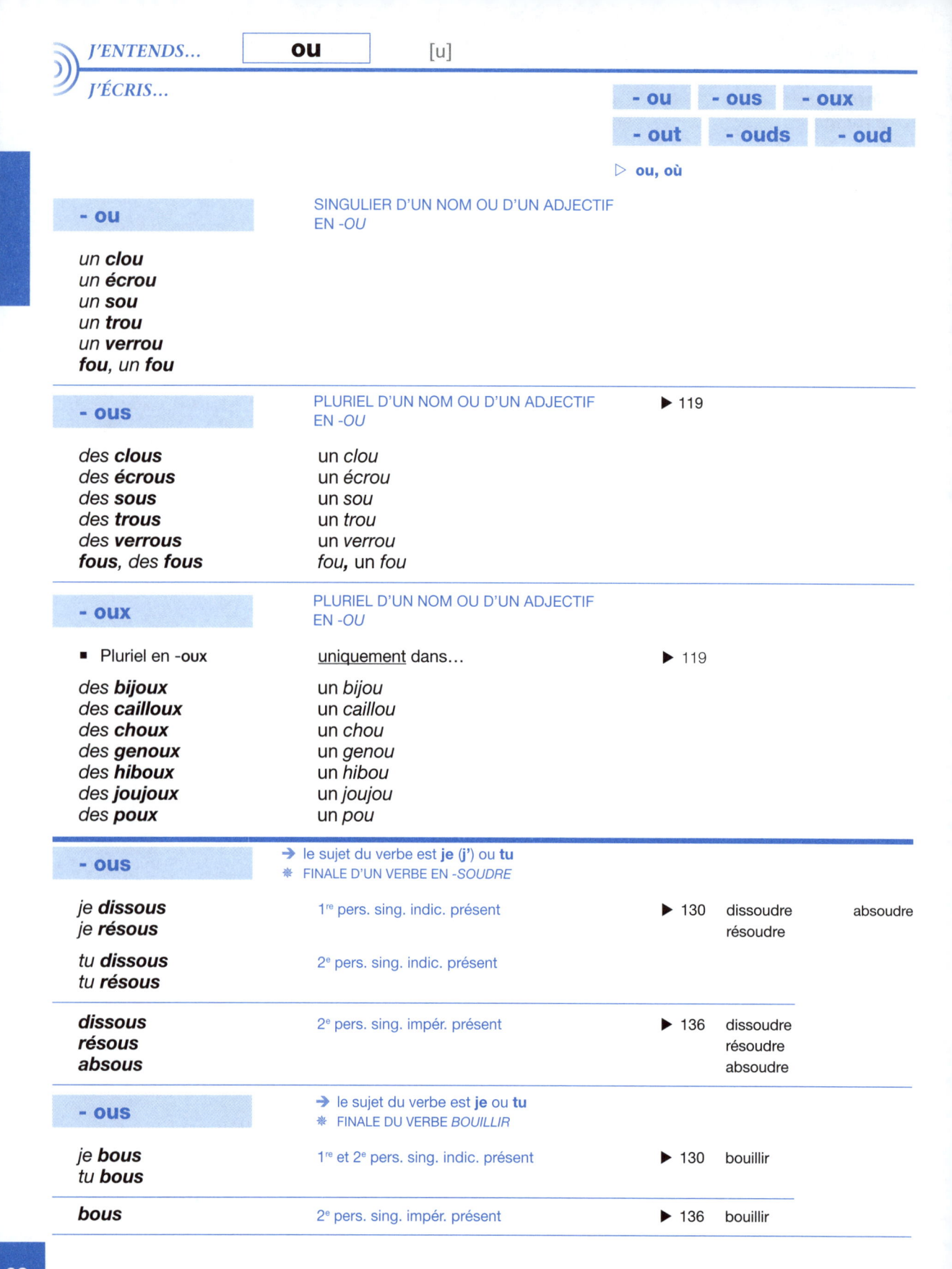

- ous

→ le sujet du verbe est **je** (j') ou **tu**
✻ FINALE D'UN VERBE EN -*SOUDRE*

je **dissous**	1ʳᵉ pers. sing. indic. présent	▶ 130	dissoudre	absoudre
je **résous**			résoudre	
tu **dissous**	2ᵉ pers. sing. indic. présent			
tu **résous**				
dissous	2ᵉ pers. sing. impér. présent	▶ 136	dissoudre	
résous			résoudre	
absous			absoudre	

- ous

→ le sujet du verbe est **je** ou **tu**
✻ FINALE DU VERBE *BOUILLIR*

je **bous**	1ʳᵉ et 2ᵉ pers. sing. indic. présent	▶ 130	bouillir
tu **bous**			
bous	2ᵉ pers. sing. impér. présent	▶ 136	bouillir

- out	→ le sujet du verbe peut être **il**, **elle**, **on** ✳ FINALE D'UN VERBE EN *-SOUDRE*	▶ 138		
il **dissout** elle **résout**	3ᵉ pers. sing. indic. présent	▶ 130	dissoudre résoudre	absoudre
ⓘ **absout** ♦, **absoute** **dissout** ♦, **dissoute** **résout, résoute** (1)	part. passé masc. et fém. sing.	▶ 138	absoudre dissoudre résoudre	
- out	→ le sujet du verbe peut être **il**, **elle**, **on** ✳ FINALE DU VERBE *BOUILLIR*	▶ 138		
L'eau **bout**.	3ᵉ pers. sing. indic. présent	▶ 130	bouillir	
- ouds	→ le sujet du verbe est **je** ou **tu** ✳ FINALE D'UN VERBE EN *-DRE*	▶ 138		
je **couds** je **mouds**	1ʳᵉ pers. sing. indic. présent	▶ 130	coudre moudre	découdre recoudre
tu **couds** tu **mouds**	2ᵉ pers. sing. indic. présent			
couds **mouds**	2ᵉ pers. sing. impér. présent	▶ 136		
- oud	→ le sujet du verbe peut être **il**, **elle**, **on** ✳ FINALE D'UN VERBE EN *-DRE*	▶ 138		
il **coud** elle **moud**	3ᵉ pers. sing. indic. présent	▶ 130	coudre moudre	

◇ En suivant l'orthographe traditionnelle : *absous*, *absoute* ; *dissous*, *dissoute*.

(1) *Résout, résoute* : part. passé de *résoudre* (= transformer) ; *du brouillard résout en pluie*.
Résolu, résolue : part. passé de *résoudre* (= trouver une solution) ; *un problème résolu*.

J'ENTENDS... **que** [kə]
J'ÉCRIS...

- que   **- ques**   **- quent**
▷ **- e, - es, - ent**

- que	FÉMININ SINGULIER D'UN ADJECTIF	▶ 118

de la gomme **ammoniaque**   du gaz *ammoniac*
une personne **caduque**   un âge *caduc*
une dette **publique**   un service *public*
une chanson **turque**   un chant *turc*

une ile **grecque**   un archipel *grec*

(i) une peuplade **franque**   *Franc, franque* (nom et adj. désignant un peuple germanique)
franc, franche (adj. signifiant : sincère ; loyal, loyale)

- ques	FÉMININ PLURIEL D'UN ADJECTIF	▶ 118, 119

des gommes **ammoniaques**   des gaz *ammoniacs*
des personnes **caduques**   des âges *caducs*
des dettes **publiques**   des services *publics*
des chansons **turques**   des chants *turcs*

des iles **grecques**   des archipels *grecs*

(i) des peuplades **franques**   *les Francs, francs, franques* (nom et adj. désignant un peuple germanique)
francs, franches (adj. signifiant : sincères, loyaux, loyales)

- que	→ le sujet du verbe est **je (j')** ou peut être **il, elle, on**			
	✱ FINALE D'UN VERBE EN *-QUER*			
je **bloque**	1ʳᵉ et 3ᵉ pers. sing. indic. présent	▶ 130	bloquer	abdiquer
je **marque**			marquer	appliquer
				attaquer
il **explique**			expliquer	bifurquer
on **marque**			marquer	briquer
				choquer
				claquer
que je **bloque**	1ʳᵉ et 3ᵉ pers. sing. subj. présent	▶ 135		chiquer
que je **communique**				choquer
				claudiquer
qu'il **explique**				confisquer
qu'on **remarque**				convoquer
				critiquer
				croquer
				débarquer
				débusquer
bloque	→ pas de **tu**, pas de **-s** !	▶ 136		décalquer
communique	2ᵉ pers. sing. impér. présent			décortiquer
				démarquer
				(suite p. 71)

- ques

tu **bloques**
tu **communiques**
tu **expliques**
tu **marques**

que tu **bloques**
que tu **communiques**
que tu **expliques**
que tu **marques**

- quent

ils **bloquent**
ils **communiquent**
ils **expliquent**
ils **marquent**

qu'ils **bloquent**
qu'ils **communiquent**
qu'ils **expliquent**
qu'ils **marquent**

→ le sujet du verbe est **tu**
✳ FINALE D'UN VERBE EN -*QUER*

2ᵉ pers. sing. indic. présent ▶ 130, 138

2ᵉ pers. sing. subj. présent ▶ 135, 138

→ le sujet du verbe peut être **ils**, **elles**
✳ FINALE D'UN VERBE EN -*QUER*

3ᵉ pers. plur. indic. présent ▶ 130, 138

3ᵉ pers. plur. subj. présent ▶ 135, 138

(début p. 70)
démasquer
désintoxiquer
détraquer
disloquer
domestiquer
dupliquer
éduquer
embarquer
entrechoquer
escroquer
évoquer
fabriquer
flanquer
hypothéquer
impliquer
intoxiquer
invoquer
mastiquer
matraquer
moquer
offusquer
paniquer
piqueniquer ♦
planquer
polémiquer
pratiquer
pronostiquer
provoquer
rappliquer
réciproquer
rééduquer
remarquer
remorquer
repiquer
répliquer
revendiquer
risquer
suffoquer
surpiquer
talquer
toquer
tourniquer
trafiquer
trinquer
tronquer
truquer
vaquer

J'ENTENDS...	**ra**	[ʀa]		
J'ÉCRIS...			- ras	- ra
			▷ - a, - as	

- ras	→ le sujet du verbe est **tu**			
	✤ FINALE D'UN VERBE			
tu **auras**	2ᵉ pers. sing. indic. futur simple		▶ 133	avoir
tu **seras**				être
tu **siffleras**				
tu **sortiras**				
Tu les **connaitras**. ♦				connaitre ♦
tu **recevras**				recevoir
ⓘ tu **courras**	→ 2 R : le R du radical + le R du futur simple		▶ 133	courir
tu **enverras**	2ᵉ pers. sing. indic. futur simple			envoyer
tu **mourras**				mourir
tu **pourras**				pouvoir
tu **verras**				voir
tu **acquerras**				acquérir

- ra	→ le sujet du verbe peut être **il**, **elle**, **on**			
	✤ FINALE D'UN VERBE			
il **aura**	3ᵉ pers. sing. indic. futur simple		▶ 133	avoir
il **sera**				être
il **sifflera**				
elle **sortira**				
Elle les **connaitra**. ♦				connaitre ♦
on **recevra**				recevoir
ⓘ il **courra**	→ 2 R : le R du radical + le R du futur simple		▶ 133	courir
il **enverra**	3ᵉ pers. sing. indic. futur simple			envoyer
il **mourra**				mourir
on **pourra**				pouvoir
elle **verra**				voir
elle **acquerra**				acquérir

◇ En suivant l'orthographe traditionnelle, les verbes en -aître ont un accent circonflexe sur le *i* chaque fois que le *i* est devant un *t* : connaître, naître, paraître (et composés).
Ex. : *il connaît, elle paraîtrait*.

J'ENTENDS... **ré** [ʀe]

J'ÉCRIS...

			- rai	**- rez**	**- rer**
			▷ - ai		
			▷ - é, - er, - ez		

- rai

→ le sujet du verbe est **je (j')**
✻ TERMINAISON VERBALE

j'**aurai**	1ʳᵉ pers. sing. indic. futur simple	▶ 126	avoir
je **serai**		▶ 127	être
je **sifflerai**			
je **sortirai**			
Je les **connaitrai**. ♦			connaitre ♦
je **recevrai**			recevoir

(i) je **courrai** → 2 R : le R du radical + le R du futur simple ▶ 133 courir
j'**enverrai** 1ʳᵉ pers. sing. indic. futur simple envoyer
je **mourrai** mourir
je **pourrai** pouvoir
je **verrai** voir
j'**acquerrai** acquérir

- rez

→ le sujet du verbe est **vous**
✻ TERMINAISON VERBALE

vous **aurez**	2ᵉ pers. plur. indic. futur simple	▶ 126	avoir
vous **serez**		▶ 127	être
vous **sifflerez**			
vous **sortirez**			
Vous les **connaitrez**. ♦			connaitre ♦
vous **recevrez**			recevoir
vous **courez**	2ᵉ pers. plur. indic. présent		courir
vous **mourez**			mourir

(i) vous **courrez** → 2 R : le R du radical + le R du futur simple ▶ 133 courir
vous **enverrez** 2ᵉ pers. plur. indic. futur simple envoyer
vous **mourrez** mourir
vous **pourrez** pouvoir
vous **verrez** voir
vous **acquerrez** acquérir

- rer

→ peut être remplacé par **écrire**, **finir**, **recevoir**
✻ FINALE D'UN VERBE EN -RER

On peut **comparer**.	infinitif présent	▶ 137
On va **chronométrer**.		
Elle veut se **désaltérer**.		

◊ En suivant l'orthographe traditionnelle, les verbes en *-aître* ont un accent circonflexe sur le *i* chaque fois que le *i* est devant un *t* : *connaître, naître, paraître* (et composés).
Ex. : *je connaîtrai, vous apparaîtrez.*

J'ENTENDS...	**rè**	[Rɛ]
J'ÉCRIS...		**- rais** **- rait** **- raient**

▷ **- ais, - ait, - aient**
▷ **- et, - ets ; es , est**

- rais

→ le sujet du verbe est **je (j')** ou **tu**
❉ FINALE D'UN VERBE

j'**aurais**	1re et 2e pers. sing. indic. condit. présent	▶ 126	avoir
je **serais**		▶ 127	être
je **sifflerais**			
tu **sortirais**			
Tu les **connaitrais**. ♦			connaitre ♦
tu **recevrais**			recevoir
je **courais**	1re et 2e pers. sing. indic. imparfait		courir
tu **mourais**			mourir
ⓘ je **courrais**	→ **2 R** : le **R** du radical + le **R** du condit. présent	▶ 134	courir
j'**enverrais**	1re pers. sing. indic. condit. présent		envoyer
je **mourrais**			mourir
tu **pourrais**			pouvoir
tu **verrais**			voir
tu **acquerrais**			acquérir

- rait

→ le sujet du verbe peut être **il**, **elle** ou **on**
❉ FINALE D'UN VERBE

il **aurait**	3e pers. sing. indic. condit. présent	▶ 126	avoir
il **serait**		▶ 127	être
il **sifflerait**			
elle **sortirait**			
Elle les **connaitrait**. ♦			connaitre ♦
on **recevrait**			recevoir
il **courait**	3e pers. sing. indic. imparfait		courir
elle **mourait**			mourir
ⓘ il **courrait**	→ **2 R** : le **R** du radical + le **R** du condit. présent	▶ 134	courir
il **enverrait**	3e pers. sing. indic. condit. présent		envoyer
il **mourrait**			mourir
on **pourrait**			pouvoir
elle **verrait**			voir
elle **acquerrait**			acquérir

- raient

→ le sujet du verbe peut être **ils** ou **elles**
❉ FINALE D'UN VERBE

ils **auraient**	3e pers. plur. indic. condit. présent	▶ 126	avoir
ils **seraient**		▶ 127	être
ils **siffleraient**			
elles **sortiraient**			
Elles les **connaitraient**. ♦			connaitre ♦
elles **recevraient**			recevoir
ils **couraient**	3e pers. plur. indic. imparfait		courir
elles **mouraient**			mourir
ⓘ ils **courraient**	→ **2 R** : le **R** du radical + le **R** du condit. présent	▶ 134	courir
ils **enverraient**	3e pers. plur. indic. condit. présent		envoyer
ils **mourraient**			mourir
elles **pourraient**			pouvoir
elles **verraient**			voir
elles **acquerraient**			acquérir

◊ En suivant l'orthographe traditionnelle, les verbes en *-aître* ont un accent circonflexe sur le *i* chaque fois que le *i* est devant un *t* : *connaître, naître, paraître* (et composés). Ex. : *tu connaîtrais, elles apparaîtraient*.

J'ENTENDS… rié [Rie]

J'ÉCRIS…

- riez
▷ - ier, - iez
▷ - yer, - yez, - yiez

- riez

vous **auriez**	2ᵉ pers. plur. indic. condit. présent	▶ 126	avoir
vous **seriez**		▶ 127	être
vous **siffleriez**			
vous **sortiriez**			
Vous les **connaitriez**. ♦			connaitre ♦
vous **recevriez**			recevoir

→ le sujet du verbe est **vous**
✽ FINALE D'UN VERBE

ⓘ vous **couriez**   2ᵉ pers. plur. indic. imparfait   ▶ 131   courir
  vous **mouriez**   mourir

ⓘ vous **courriez**   → **2 R** : le **R** du radical + le **R** du condit. présent   ▶ 134   courir
  vous **enverriez** 2ᵉ pers. plur. indic. condit. présent   envoyer
  vous **mourriez**   mourir
  vous **pourriez**   pouvoir
  vous **verriez**   voir
  vous **acquerriez**   acquérir

♦ Orthographe rectifiée : *connaitre, naitre, paraitre*
En suivant l'orthographe traditionnelle, les verbes en *-aître* ont un accent circonflexe sur le *i* chaque fois que le *i* est devant un *t* :
◇ *connaître, naître, paraître* (et composés).
Ex. : *vous connaîtriez.*

Vous pourriez expliquer pourquoi vous riez…

J'ENTENDS...	**rion**	[ʁiɔ̃]	
J'ÉCRIS...			**- rions**

▷ **- ions, - iions**

- rions	→ le sujet du verbe est **nous** ✽ FINALE D'UN VERBE		
nous **aurions** nous **serions** nous **sifflerions** nous **sortirions** Nous les **connaitrions**. ♦ nous **recevrions**	1ʳᵉ pers. plur. indic. condit. présent	▶ 126 ▶ 127	avoir être connaitre ♦ recevoir
ⓘ nous **courions** nous **mourions**	1ʳᵉ pers. plur. indic. imparfait	▶ 131	courir mourir
ⓘ nous **courrions** nous **enverrions** nous **mourrions** nous **pourrions** nous **verrions** nous **acquerrions**	→ **2 R** : le **R** du radical + le **R** du condit. présent 1ʳᵉ pers. plur. indic. condit. présent	▶ 134	courir envoyer mourir pouvoir voir acquérir

◇ En suivant l'orthographe traditionnelle, les verbes en -*aître* ont un accent circonflexe sur le *i* chaque fois que le *i* est devant un *t* : *connaître, naître, paraître* (et composés). Ex. : *nous connaîtrions*.

J'ENTENDS... **ron** [Rɔ̃]

J'ÉCRIS... | - rons | - ront |
▷ - ons, - ont

- rons

→ le sujet du verbe est **nous**
✳ FINALE D'UN VERBE

nous **aurons**	1ʳᵉ pers. plur. indic. futur simple	▶ 126	avoir
nous **serons**		▶ 127	être
nous **sifflerons**			
nous **sortirons**			
Nous les **connaitrons.** ♦			connaitre ♦
nous **recevrons**			recevoir
ⓘ nous **courons**	1ʳᵉ pers. plur. indic. présent	▶ 130	courir
nous **mourons**			mourir
ⓘ nous **courrons**	→ 2 R : le **R** du radical + le **R** du futur simple	▶ 133	courir
nous **enverrons**	1ʳᵉ pers. plur. indic. futur simple		envoyer
nous **mourrons**			mourir
nous **pourrons**			pouvoir
nous **verrons**			voir
nous **acquerrons**			acquérir

- ront

→ le sujet du verbe peut être **ils**, **elles**
✳ FINALE D'UN VERBE

ils **auront**	3ᵉ pers. plur. indic. futur simple	▶ 126	avoir
ils **seront**		▶ 127	être
ils **siffleront**			
elles **sortiront**			
Elles le **connaitront.** ♦			connaitre ♦
elles **recevront**			recevoir
ⓘ ils **courront**	→ 2 R : le **R** du radical + le **R** du futur simple	▶ 133	courir
ils **enverront**	3ᵉ pers. plur. indic. futur simple		envoyer
ils **mourront**			mourir
ils **pourront**			pouvoir
elles **verront**			voir
elles **acquerront**			acquérir

◇ En suivant l'orthographe traditionnelle, les verbes en *-aître* ont un accent circonflexe sur le *i* chaque fois que le *i* est devant un *t* : *connaître, naître, paraître* (et composés). Ex. : *nous connaîtrons.*

| J'ENTENDS... | **sa** | [sa] |

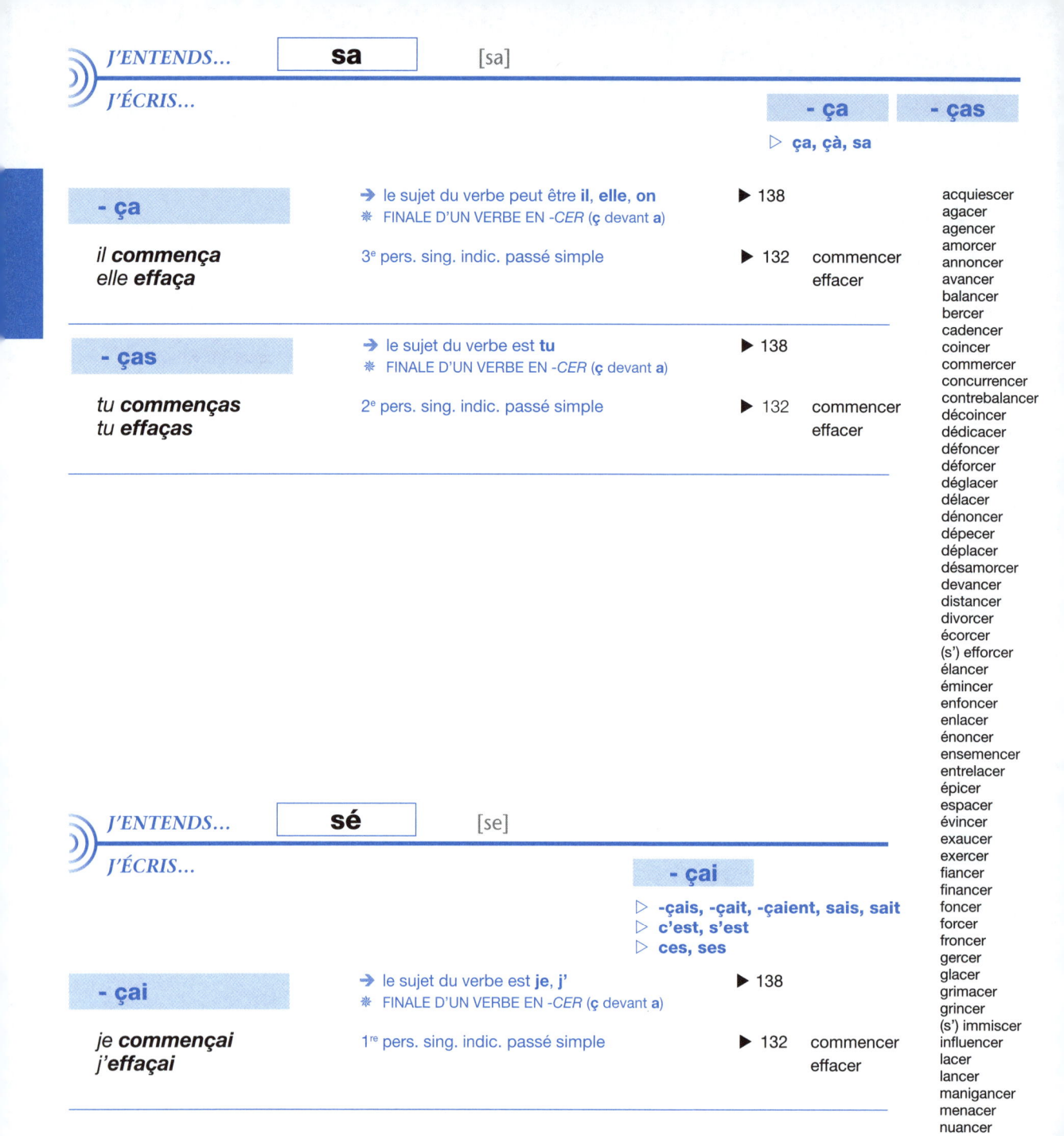

J'ÉCRIS...

- ça	- cas
▷ ça, çà, sa	

- ça

il **commença**
elle **effaça**

→ le sujet du verbe peut être **il**, **elle**, **on** ▶ 138
✱ FINALE D'UN VERBE EN -CER (**ç** devant **a**)

3ᵉ pers. sing. indic. passé simple ▶ 132 commencer / effacer

- cas

tu **commenças**
tu **effaças**

→ le sujet du verbe est **tu** ▶ 138
✱ FINALE D'UN VERBE EN -CER (**ç** devant **a**)

2ᵉ pers. sing. indic. passé simple ▶ 132 commencer / effacer

| J'ENTENDS... | **sé** | [se] |

J'ÉCRIS...

- çai
▷ -çais, -çait, -çaient, sais, sait
▷ c'est, s'est
▷ ces, ses

- çai

je **commençai**
j'**effaçai**

→ le sujet du verbe est **je**, **j'** ▶ 138
✱ FINALE D'UN VERBE EN -CER (**ç** devant **a**)

1ʳᵉ pers. sing. indic. passé simple ▶ 132 commencer / effacer

---

acquiescer
agacer
agencer
amorcer
annoncer
avancer
balancer
bercer
cadencer
coincer
commercer
concurrencer
contrebalancer
décoincer
dédicacer
défoncer
déforcer
déglacer
délacer
dénoncer
dépecer
déplacer
désamorcer
devancer
distancer
divorcer
écorcer
(s') efforcer
élancer
émincer
enfoncer
enlacer
énoncer
ensemencer
entrelacer
épicer
espacer
évincer
exaucer
exercer
fiancer
financer
foncer
forcer
froncer
gercer
glacer
grimacer
grincer
(s') immiscer
influencer
lacer
lancer
manigancer
menacer
nuancer
percer
pincer
pioncer
placer
poncer
préfacer
prononcer
recommencer
relancer
remplacer
renfoncer
renforcer
renoncer
repercer

| J'ENTENDS... | **sè** | [sɛ] |

J'ÉCRIS... | **- çais** | **- çait** | **- çaient** | **sais** | **sait** |

▷ ces, ses / c'est, s'est
▷ - çai

| **- çais** | → le sujet du verbe est **je**, **tu** | ▶ 138 | ▶ 78 |
| | ✻ FINALE D'UN VERBE EN -CER (ç devant a) | | (verbes en -cer) |

j'**avançais** 1ʳᵉ pers. sing. indic. imparfait ▶ 131 avancer
je **commençais** commencer
je **lançais** lancer

tu **avançais** 2ᵉ pers. sing. indic. imparfait
tu **commençais**
tu **lançais**

| **- çait** | → le sujet du verbe peut être **il**, **elle**, **on** | ▶ 138 |
| | ✻ FINALE D'UN VERBE EN -CER (ç devant a) |

elle **avançait** 3ᵉ pers. sing. indic. imparfait ▶ 131 avancer
il **commençait** commencer
on **lançait** lancer

| **- çaient** | → le sujet du verbe peut être **ils**, **elles** | ▶ 138 |
| | ✻ FINALE D'UN VERBE EN -CER (ç devant a) |

ils **avançaient** 3ᵉ pers. plur. indic. imparfait ▶ 131 avancer
elles **commençaient** commencer
ils **lançaient** lancer

| **sais** | → le sujet du verbe est **je** ou **tu** |
| | ✻ FORME DU VERBE *SAVOIR* |

je **sais** (1) 1ʳᵉ et 2ᵉ pers. sing. indic. présent ▶ 131 savoir
tu **sais**

| **sait** | → le sujet du verbe peut être **il**, **elle**, **on** |
| | ✻ FORME DU VERBE *SAVOIR* |

il **sait** (1) 3ᵉ pers. sing. indic. présent savoir

---

(1) Suivant les régions, *je sais, tu sais, il sait* se prononcent [e] ou [ɛ].

J'ENTENDS...	**soi**	[swa]				
J'ÉCRIS...	- çois	- çoit	sois	soit	soient	soi

- çois	→ le sujet du verbe est **je (j')** ou **tu** ✽ FINALE D'UN VERBE (**ç** devant **o**)	▶ 138		
je **reçois** j'**aperçois**	1ʳᵉ pers. sing. indic. présent	▶ 130	recevoir apercevoir percevoir	concevoir décevoir
tu **reçois** tu **aperçois**	2ᵉ pers. sing. indic. présent			
reçois **aperçois**	2ᵉ pers. sing. impér. présent	▶ 136		

- çoit	→ le sujet du verbe peut être **il, elle, on** ✽ FINALE D'UN VERBE (**ç** devant **o**)	▶ 138	
il **reçoit** elle **aperçoit**	3ᵉ pers. sing. indic. présent		

sois	→ le sujet du verbe est **tu** ✽ FORME DU VERBE *ÊTRE*		
que tu **sois**	2ᵉ pers. sing. subj. présent	▶ 127	être
sois	2ᵉ pers. sing. impér. présent	▶ 127	être

soit	→ le sujet du verbe peut être **il, elle, on** ✽ FORME DU VERBE *ÊTRE*		
qu'il **soit**	3ᵉ pers. sing. subj. présent	▶ 127	être

soient	→ le sujet du verbe peut être **ils, elles** ✽ FORME DU VERBE *ÊTRE*		
qu'ils **soient**	3ᵉ pers. plur. subj. présent	▶ 127	être

ⓘ *soi*
soi-même

PRONOMS PERSONNELS

J'ENTENDS... **son** [sɔ̃]

J'ÉCRIS...

				- çons
				▷ son, sont
- çons	→ le sujet du verbe est **nous**	▶ 138		acquiescer
	✹ FINALE D'UN VERBE EN *-CER* (**ç** devant **o**)			agacer
				agencer
				amorcer
nous **commençons**	1ʳᵉ pers. plur. indic. présent	▶ 130	commencer	annoncer
nous **effaçons**			effacer	avancer
				balancer
				bercer
				cadencer
				coincer
Remplaçons-les.	1ʳᵉ pers. plur. impér. présent	▶ 136	remplacer	commercer
traçons			tracer	concurrencer
				contrebalancer
				décoincer
				dédicacer
				défoncer
				déforcer
				déglacer
				délacer
				dénoncer
				dépecer
				déplacer
				désamorcer
				devancer
				distancer
				divorcer
				écorcer
				(s') efforcer
				élancer
				émincer
				enfoncer
				enlacer
				énoncer
				ensemencer
				entrelacer
				épicer
				espacer
				évincer
				exaucer
				exercer
				fiancer
				financer
				foncer
				forcer
				froncer
				gercer
				glacer
				grimacer
				grincer
				(s') immiscer
				influencer
				lacer
				lancer
				manigancer
				menacer
				nuancer
				percer
				pincer
				pioncer
				placer
				poncer
				préfacer
				prononcer
				recommencer
				relancer
				remplacer
				renfoncer
				renforcer
				renoncer
				repercer

| J'ENTENDS... | **su** | [sy] |

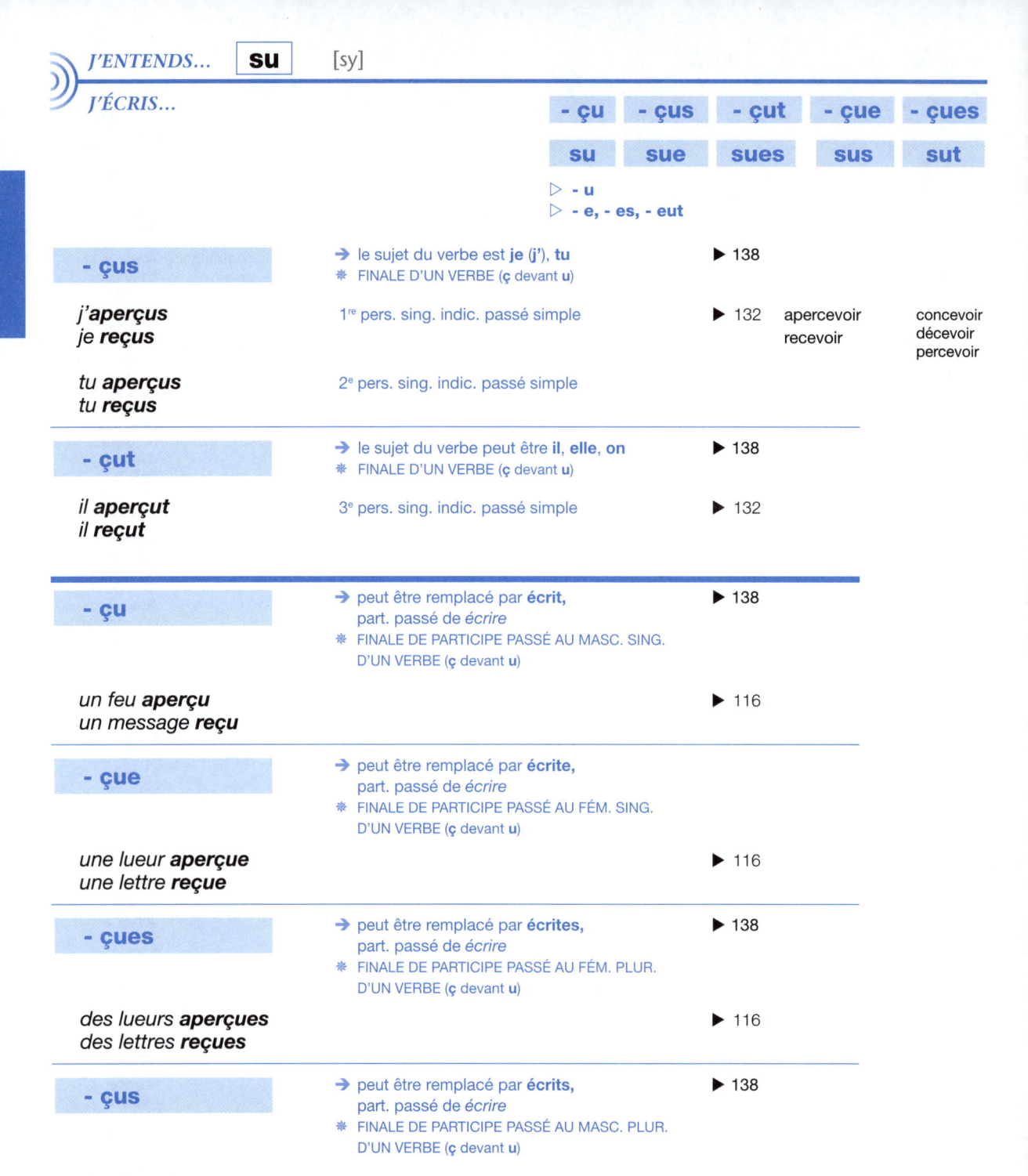

J'ÉCRIS...

| - çu | - çus | - çut | - çue | - çues |
| su | sue | sues | sus | sut |

▷ - u
▷ - e, - es, - eut

| **- çus** | → le sujet du verbe est **je (j')**, **tu** | ▶ 138 | | |
| | ✽ FINALE D'UN VERBE (**ç** devant **u**) | | | |

j'**aperçus** 1ʳᵉ pers. sing. indic. passé simple ▶ 132 apercevoir concevoir
je **reçus**   recevoir   décevoir
                                                                              percevoir

tu **aperçus** 2ᵉ pers. sing. indic. passé simple
tu **reçus**

| **- çut** | → le sujet du verbe peut être **il**, **elle**, **on** | ▶ 138 |
| | ✽ FINALE D'UN VERBE (**ç** devant **u**) | |

il **aperçut** 3ᵉ pers. sing. indic. passé simple ▶ 132
il **reçut**

| **- çu** | → peut être remplacé par **écrit**, part. passé de *écrire* | ▶ 138 |
| | ✽ FINALE DE PARTICIPE PASSÉ AU MASC. SING. D'UN VERBE (**ç** devant **u**) | |

un feu **aperçu** ▶ 116
un message **reçu**

| **- çue** | → peut être remplacé par **écrite**, part. passé de *écrire* | ▶ 138 |
| | ✽ FINALE DE PARTICIPE PASSÉ AU FÉM. SING. D'UN VERBE (**ç** devant **u**) | |

une lueur **aperçue** ▶ 116
une lettre **reçue**

| **- çues** | → peut être remplacé par **écrites**, part. passé de *écrire* | ▶ 138 |
| | ✽ FINALE DE PARTICIPE PASSÉ AU FÉM. PLUR. D'UN VERBE (**ç** devant **u**) | |

des lueurs **aperçues** ▶ 116
des lettres **reçues**

| **- çus** | → peut être remplacé par **écrits**, part. passé de *écrire* | ▶ 138 |
| | ✽ FINALE DE PARTICIPE PASSÉ AU MASC. PLUR. D'UN VERBE (**ç** devant **u**) | |

des feux **aperçus** ▶ 116
des messages **reçus**

su	→ peut être remplacé par **écrit**, part. passé de *écrire*		
	✻ PARTICIPE PASSÉ MASC. SING.		
*un texte **su***		▶ 137	savoir

sue	→ peut être remplacé par **écrite**, part. passé de *écrire*		
	✻ PARTICIPE PASSÉ FÉM. SING.		
*une leçon **sue***		▶ 116	savoir

sues	→ peut être remplacé par **écrites**, part. passé de *écrire*		
	✻ PARTICIPE PASSÉ FÉM. PLUR.		
*des leçons **sues***		▶ 116	savoir

sus	→ peut être remplacé par **écrits**, part. passé de *écrire*		
	✻ PARTICIPE PASSÉ MASC. PLUR.		
*des textes **sus***		▶ 116	savoir

sus	FORME DU VERBE *SAVOIR*		
*je **sus*** *tu **sus***	1ʳᵉ et 2ᵉ pers. sing. indic. passé simple	▶ 132	savoir

sut	FORME DU VERBE *SAVOIR*		
*il **sut***	3ᵉ pers. sing. indic. passé simple	▶ 132	savoir

J'ENTENDS... te [tə]
J'ÉCRIS...

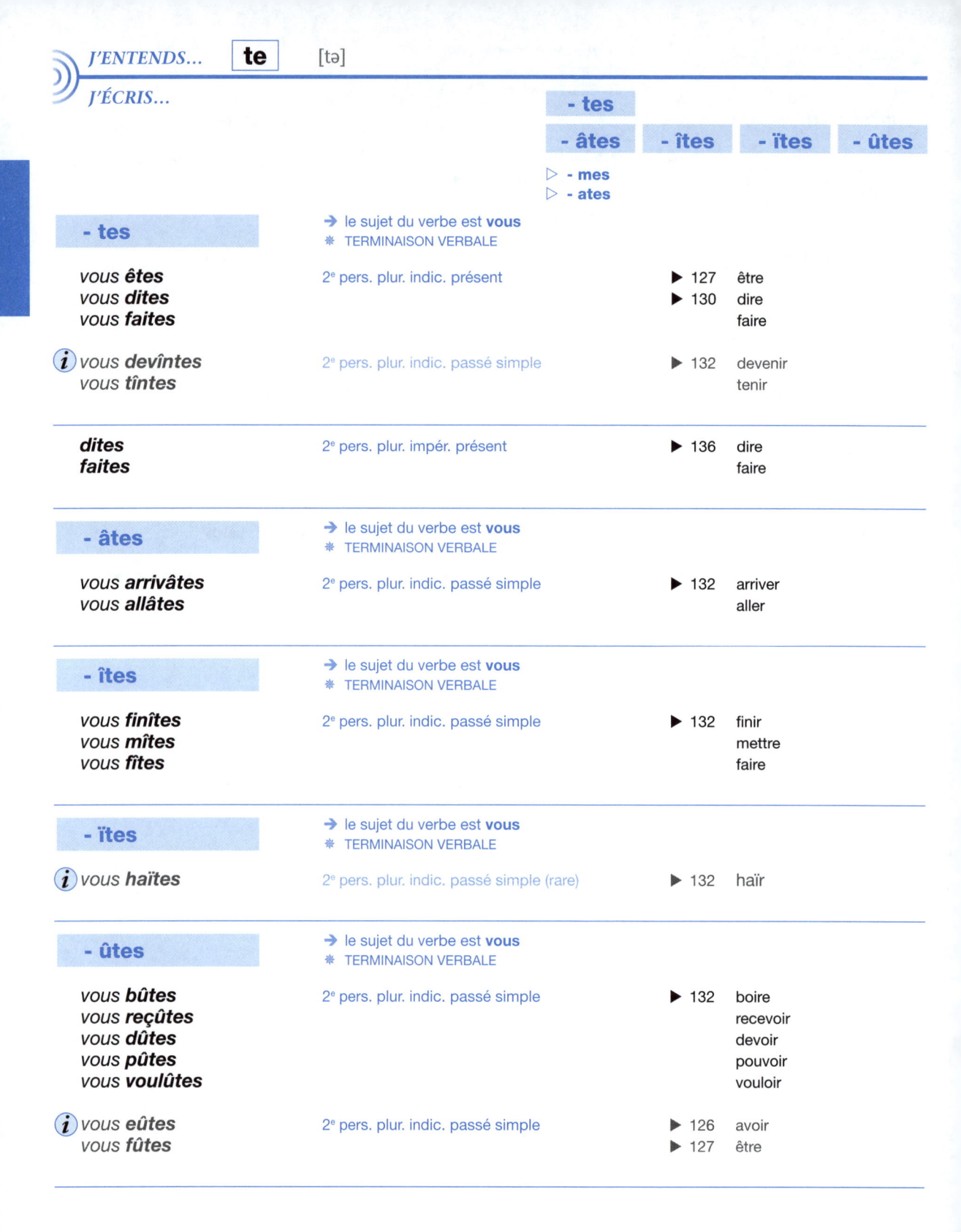

- tes
- âtes	- îtes	- ïtes	- ûtes

▷ - mes
▷ - ates

- tes

→ le sujet du verbe est **vous**
✳ TERMINAISON VERBALE

vous **êtes**	2ᵉ pers. plur. indic. présent	▶ 127	être
vous **dites**		▶ 130	dire
vous **faites**			faire
ⓘ vous **devîntes**	2ᵉ pers. plur. indic. passé simple	▶ 132	devenir
vous **tîntes**			tenir

dites	2ᵉ pers. plur. impér. présent	▶ 136	dire
faites			faire

- âtes

→ le sujet du verbe est **vous**
✳ TERMINAISON VERBALE

vous **arrivâtes**	2ᵉ pers. plur. indic. passé simple	▶ 132	arriver
vous **allâtes**			aller

- îtes

→ le sujet du verbe est **vous**
✳ TERMINAISON VERBALE

vous **finîtes**	2ᵉ pers. plur. indic. passé simple	▶ 132	finir
vous **mîtes**			mettre
vous **fîtes**			faire

- ïtes

→ le sujet du verbe est **vous**
✳ TERMINAISON VERBALE

ⓘ vous **haïtes**	2ᵉ pers. plur. indic. passé simple (rare)	▶ 132	haïr

- ûtes

→ le sujet du verbe est **vous**
✳ TERMINAISON VERBALE

vous **bûtes**	2ᵉ pers. plur. indic. passé simple	▶ 132	boire
vous **reçûtes**			recevoir
vous **dûtes**			devoir
vous **pûtes**			pouvoir
vous **voulûtes**			vouloir
ⓘ vous **eûtes**	2ᵉ pers. plur. indic. passé simple	▶ 126	avoir
vous **fûtes**		▶ 127	être

J'ENTENDS... **teur** [tœʀ]

J'ÉCRIS...

- teur   **- teurs**

▷ - eur
▷ - teur
▷ - trice

- teur

MASCULIN SINGULIER D'UN NOM OU D'UN ADJECTIF

un **admirateur**
un **agriculteur**
un **conducteur**
un **dessinateur**
un **directeur**
un **instituteur**
un **spectateur**

un oiseau **migrateur**
un dieu **protecteur**
un appareil **récepteur**

- Féminin de -TEUR en -TEUSE si le mot correspond à un verbe ▶ 118

(i) un **acheteur**   une *acheteuse*
un **chipoteur**   une *chipoteuse*
un **porteur**   une *porteuse*
un **prometteur**   une *prometteuse*

- Féminin de -TEUR en -TRICE si le mot ne correspond pas à un verbe ▶ 118
(ou si le mot masculin est en -ateur)

(i) un **admirateur**   une *admiratrice*
un **agriculteur**   une *agricultrice*
un **conducteur**   une *conductrice*
un **dessinateur**   une *dessinatrice*
un **directeur**   une *directrice*
un **instituteur**   une *institutrice*
un **spectateur**   une *spectatrice*

migrateur   *migratrice*
protecteur   *protectrice*
récepteur   *réceptrice*

- Féminin de -TEUR en -TEURE (FÉMININ EMPLOYÉ NOTAMMENT AU QUÉBEC)

(i) un **auteur**   une *auteure*

- teurs

PLURIEL D'UN NOM OU D'UN ADJECTIF

- Pluriel de -TEUR en -TEURS ▶ 119

des **admirateurs**   un *admirateur*
des **agriculteurs**   un *agriculteur*
des **conducteurs**   un *conducteur*
des **dessinateurs**   un *dessinateur*
des **directeurs**   un *directeur*
des **instituteurs**   un *instituteur*
des **spectateurs**   un *spectateur*

des oiseaux **migrateurs**   *migrateur*
des dieux **protecteurs**   *protecteur*
des appareils **récepteurs**   *récepteur*

J'ENTENDS... **tri.s** [tʀis]

J'ÉCRIS...

| **- trice** | **- trices** |

▷ **- teur**
▷ **- eur**
▷ **- euse**

- trice

FÉM. SING. D'UN NOM
OU D'UN ADJECTIF

■ Féminin de **-teur** en **-trice** si le mot ne correspond pas à un verbe ▶ 118
(ou si le mot masculin est en *-ateur*)

une **admiratrice**	un *admirateur*
une **agricultrice**	un *agriculteur*
une **conductrice**	un *conducteur*
une **dessinatrice**	un *dessinateur*
une **directrice**	un *directeur*
une **institutrice**	un *instituteur*
une **spectatrice**	un *spectateur*
une espèce **migratrice**	un oiseau *migrateur*
une société **protectrice**	un produit *protecteur*
une antenne **réceptrice**	un poste *récepteur*

- trices

FÉM. PLUR. D'UN NOM
OU D'UN ADJECTIF

■ Féminin de **-teurs** en **-trices** si le mot ne correspond pas à un verbe ▶ 118
(ou si le mot masculin est en *-ateur*)

des **admiratrices**	des *admirateurs*
des **agricultrices**	des *agriculteurs*
des **conductrices**	des *conducteurs*
des **dessinatrices**	des *dessinateurs*
des **directrices**	des *directeurs*
des **institutrices**	des *instituteurs*
des **spectatrices**	des *spectateurs*
des espèces **migratrices**	des oiseaux *migrateurs*
des sociétés **protectrices**	des produits *protecteurs*
des antennes **réceptrices**	des postes *récepteurs*

J'ENTENDS… u [y]

J'ÉCRIS…

- u	- ue	- ues	- us	- ût	- üe	- ües
eu	eue	eues	eus	eut		nu

▷ - çus, - çut, - çu

- u

→ peut être remplacé par **écrit**, part. passé de *écrire*
✳ FINALE DE PARTICIPE PASSÉ MASC. SING.

un soda **bu**	▶ 137	boire
un marché **conclu**		conclure
Il a **couru**.		courir
un livre **lu**		lire
du café **moulu**		moudre
un problème **résolu**		résoudre ▶ 69
Il s'est **tu**.		taire (se)
On a **vécu** en ville.		vivre
Ils ont **pu** sortir.		pouvoir
Elle n'a **su** que dire.		savoir
Cela a **valu** la peine d'écrire.		valoir
le jean qu'elle a **voulu**		vouloir
un air **connu**		connaitre ♦
un dessin **paru** dans un journal		paraitre ♦
ⓘ On l'a **cru**.		croire
Elle a **crû** en sagesse.		croitre ♦
Ils ont **dû** partir.		devoir
Il était **mu** comme par un ressort. ♦		mouvoir
un fantôme **aperçu**		apercevoir ▶ 82
un paquet **reçu**		recevoir
Il en a **fallu** du temps !		falloir
Il a beaucoup **plu**.		pleuvoir

- ue

→ peut être remplacé par **écrite**, part. passé de *écrire*
✳ FINALE DE PARTICIPE PASSÉ FÉMIN. SING.

l'eau qu'elle a **bue**	▶ 116	boire
une affaire **conclue**		conclure
une distance **courue**		courir
une page **lue**		lire
une amande **moulue**		moudre
une affaire **résolue**		résoudre
Elle s'est **tue**.		taire (se)
une expérience **vécue**		vivre
une chose **due**		devoir
une leçon **sue**		savoir
la critique que lui a **value** l'article		valoir
la robe qu'elle a **voulue**		vouloir
une chanson **connue**		connaitre ♦
une photo **parue** dans un journal		paraitre ♦

◊ Orthographe rectifiée : *connaitre, paraitre, mu*.
En suivant l'orthographe traditionnelle, *connaître, paraître, mû*.

ⓘ *Cette personne, on l'a **crue**.* — croire
*une jeune fille **crûe** en sagesse* — croitre ♦

*une silhouette **aperçue*** — apercevoir ▶ 82
*une lettre **reçue*** — recevoir

- ues

➔ peut être remplacé par **écrites**, part. passé de *écrire*
❋ FINALE DE PARTICIPE PASSÉ FÉMIN. PLUR.

*des tisanes **bues*** ▶ 116 — boire
*des affaires **conclues*** — conclure
*les distances **courues*** — courir
*des pages **lues*** — lire
*des amandes **moulues*** — moudre
*des affaires **résolues*** — résoudre ▶ 69
*Elles se sont **tues**.* — taire (se)
*les expériences **vécues*** — vivre

*les sommes **dues*** — devoir
*des leçons **sues*** — savoir
*les critiques que lui a **values** l'article* — valoir
*les robes qu'elle a **voulues*** — vouloir

*des chansons **connues*** — connaitre ♦
*des photos **parues** dans un journal* — paraitre ♦

ⓘ *les prévisions qu'on a **crues*** — croire
*des jeunes filles **crûes** en sagesse* — croitre ♦

*des silhouettes **aperçues*** — apercevoir ▶ 82
*des lettres **reçues*** — recevoir

- us

➔ peut être remplacé par **écrits**, part. passé de *écrire*
❋ FINALE DE PARTICIPE PASSÉ MASC. PLUR.

*des sodas **bus*** ▶ 116 — boire
*des marchés **conclus*** — conclure
*les deux-cents mètres **courus*** — courir
*des livres **lus*** — lire
*des cafés **moulus*** — moudre
*des problèmes **résolus*** — résoudre ▶ 69
*Ils se sont **tus**.* — taire (se)
*des drames **vécus*** — vivre

*des montants **dus*** — devoir
*des rôles **sus** par coeur* — savoir
*les efforts que cela a **valus*** — valoir
*les jeans qu'elle a **voulus*** — vouloir

*des gens **connus*** — connaitre ♦
*des dessins **parus** dans un journal* — paraitre ♦

ⓘ *On les a **crus**.* — croire
*des jeunes **crûs** en sagesse* — croitre ♦

*des fantômes **aperçus*** — apercevoir
*des paquets **reçus*** — recevoir ▶ 82

- us	→ le sujet du verbe est **je** ou **tu** ❋ FINALE D'UN VERBE			
je **bus**	1re et 2e pers. sing. indic. passé simple	▶ 132	boire
je **conclus**			conclure
je **courus**			courir
je **lus**			lire
je **moulus**			moudre
je **mourus**			mourir
tu **mourus**			mourir
tu **résolus**			résoudre
tu (te) **tus**			taire (se)
tu **vécus**			vivre
je **fus**, tu **fus**		▶ 127	être
tu **connus**			connaitre ♦
tu **parus**			paraitre ♦
je **dus**			devoir
je **pus**			pouvoir
je **sus**			savoir
tu **valus**			valoir
tu **voulus**			vouloir
ⓘ je **crus**			croire
je **crûs**			croitre ♦
j'**aperçus**			apercevoir ▶ 82
tu **reçus**			recevoir

- ut	→ le sujet du verbe peut être **il**, **elle**, **on** ❋ FINALE D'UN VERBE			
il **but**	3e pers. sing. indic. passé simple	▶ 132	boire
il **conclut**			conclure
il **courut**			courir
il **lut**			lire
il **moulut**			moudre
il **mourut**			mourir
il **résolut**			résoudre
il (se) **tut**			taire (se)
il **vécut**			vivre
il **fut**		▶ 127	être
il **dut**			devoir
il **put**			pouvoir
il **sut**			savoir
il **valut**			valoir
il **voulut**			vouloir
il **connut**			connaitre ♦
il **parut**			paraitre ♦
ⓘ il **crut**			croire
il **crût**			croitre ♦
il **aperçut**			apercevoir ▶ 82
il **reçut**			recevoir
il **fallut**	verbe impersonnel		falloir
il **plut**	verbe impersonnel	▶125,132	pleuvoir

eu	→ peut être remplacé par **écrit**, part. passé de *écrire* ✻ PARTICIPE PASSÉ MASC. SING. DU VERBE *AVOIR*		
elle a **eu**		▶ 126	avoir
eue	→ peut être remplacé par **écrite**, part. passé de *écrire* ✻ PARTICIPE PASSÉ FÉM. SING. DU VERBE *AVOIR*		
la maladie qu'elle a **eue**		▶ 116	avoir
eues	→ peut être remplacé par **écrites**, part. passé de *écrire* ✻ PARTICIPE PASSÉ FÉM. PLUR. DU VERBE *AVOIR*		
les maladies qu'elle a **eues**		▶ 116	avoir
eus	→ peut être remplacé par **écrits**, part. passé de *écrire* ✻ PARTICIPE PASSÉ MASC. PLUR. DU VERBE *AVOIR*		
les ennuis qu'elle a **eus**		▶ 116	avoir
eus	FORME VERBALE DU VERBE *AVOIR*		
j'**eus** tu **eus**	1re et 2e pers. sing. indic. passé simple	▶ 126	avoir
eut	FORME VERBALE DU VERBE *AVOIR*		
il **eut**	3e pers. sing. indic. passé simple	▶ 126	avoir
- üe	FÉMININ SINGULIER D'UN ADJECTIF		
ⓘ *aigüe* ♦ *ambigüe* ♦ *exigüe* ♦	aigu ambigu exigu	▶ 118	
- ües	FÉMININ PLURIEL D'UN ADJECTIF		
ⓘ *aigües* ♦ *ambigües* ♦ *exigües* ♦	aigus ambigus exigus	▶ 119	

ⓘ **nu**	ADJECTIF ET ADVERBE
tête **nue** pieds **nus**	*nu* adjectif
la **nue**-propriété des **nus**-propriétaires	
nu-tête, **nu**-têtes **nu**-pieds	*nu*, invariable, adverbe + un trait d'union devant un nom

◇ En suivant l'orthographe traditionnelle : *aiguë, aiguës ; ambiguë, ambiguës ; exiguë, exiguës / connaître, paraître.*

J'ENTENDS... **ur** [yʀ]

J'ÉCRIS...

- ure	- ures	- urent
	eurent	

▷ - èrent ▷ - e, - es, - ent
▷ - irent

- ure

→ le sujet du verbe peut être **je (j')** ou peut être **il**, **elle**, **on**
✸ FINALE D'UN VERBE

j'**assure**	1ʳᵉ pers. sing. indic. présent	▶ 130	assurer
je **dure**			durer
il **murmure**	3ᵉ pers. sing. indic. présent		murmurer
il **dure**			durer

murmure	→ pas de **tu**, pas de **-s** !
	2ᵉ pers. sing. impér. présent

- ures

→ le sujet du verbe est **tu**
✸ FINALE D'UN VERBE

tu **assures**	2ᵉ pers. sing. indic. présent	▶ 130	assurer
tu **murmures**			murmurer
tu **dures**			durer

- urent

→ le sujet du verbe peut être **ils**, **elles**
✸ FINALE D'UN VERBE

ils **assurent**	3ᵉ pers. plur. indic. présent	▶ 130	assurer
elles **murmurent**			murmurer
ils **durent**			durer
ils **burent**	3ᵉ pers. plur. indic. passé simple	▶ 132	boire
ils **durent**			devoir
ils **purent**			pouvoir
ils **voulurent**			vouloir
ⓘ ils **reçurent**			recevoir
ils **furent**		▶ 127	être

eurent

→ le sujet du verbe peut être **ils**, **elles**
✸ FORME DU VERBE *AVOIR*

ils **eurent**	3ᵉ pers. plur. indic. passé simple	▶ 126	avoir

abjurer
adjurer
apurer
augurer
(s') autocensurer
(s') aventurer
bouturer
capturer
caricaturer
ceinturer
censurer
clôturer
configurer
conjurer
courbaturer
curer
défigurer
dénaturer
déstructurer
emmurer
endurer
épurer
facturer
figurer
fissurer
fracturer
hachurer
inaugurer
jurer
manucurer
mesurer
moulurer
murer
obturer
(se) parjurer
pâturer
peinturer
peinturlurer
préfigurer
procurer
rainurer
rassurer
raturer
restructurer
saturer
structurer
suppurer
suturer
torturer
transfigurer
triturer

J'ENTENDS... **wa** [wa]

J'ÉCRIS... | - ois | - oit | - oie | - oies | - oient

▷ - çois

- ois			
	→ le sujet du verbe est **je (j')** ou **tu**		
	❋ FINALE D'UN VERBE		
je **bois**	1ʳᵉ pers. sing. indic. présent	▶ 130	boire
je **dois**			devoir
je **pourvois**			pourvoir
je **vois**			voir
tu **bois**	2ᵉ pers. sing. indic. présent		
tu **dois**			
tu **pourvois**			
tu **vois**			
je **crois**	1ʳᵉ et 2ᵉ pers. sing. indic. présent		croire
tu **crois**			
ⓘ je **croîs**	1ʳᵉ et 2ᵉ pers. sing. indic. présent	▶ 138	croitre ♦
tu **croîs**			
tu **accrois**	2ᵉ pers. sing. indic. présent		accroitre ♦
que je **sois**	1ʳᵉ et 2ᵉ pers. sing. subj. présent	▶ 135	être
que tu **sois**			
bois	2ᵉ pers. sing. impér. présent	▶ 136	boire
dois			devoir
pourvois			pourvoir
vois			voir
sois	2ᵉ pers. sing. impér. présent	▶ 127	être
accrois		▶ 136	accroitre ♦
ⓘ **croîs**	2ᵉ pers. sing. impér. présent	▶ 138	croitre ♦
crois			croire

- oit			
	→ le sujet du verbe peut être **il**, **elle**, **on**		
	❋ FINALE D'UN VERBE		
il **boit**	3ᵉ pers. sing. indic. présent	▶ 130	boire
il **doit**			devoir
il **pourvoit**			pourvoir
il **voit**			voir
ⓘ il **croit**	3ᵉ pers. sing. indic. présent		croire
il **croît**			croitre ♦
il **accroit**		▶ 130	accroitre ♦
qu'il **soit**	3ᵉ pers. sing. subj. présent	▶ 127	être

- oie

→ le sujet du verbe est **je (j')** ou peut être **il**, **elle**, **on**
✸ FINALE D'UN VERBE

j'**envoie**	1re pers. sing. indic. présent	▶ 138	envoyer
il **envoie**	3e pers. sing. indic. présent		
que j'**envoie**	1re et 3e pers. sing. subj. présent	▶ 138	envoyer
qu'il **envoie**			
que je **voie**	1re pers. sing. subj. présent	▶ 135	voir
que je **croie**			croire
qu'il **voie**	3e pers. sing. subj. présent	▶ 135	voir
qu'il **croie**			croire
envoie	→ pas de **tu**, pas de **-s** ! 2e pers. sing. impér. présent		envoyer

- oies

→ le sujet du verbe est **tu**
✸ FINALE D'UN VERBE

			croire
tu **envoies**	2e pers. sing. indic. présent	▶ 138	envoyer
que tu **voies**	2e pers. sing. subj. présent	▶ 135	voir
que tu **croies**			croire
que tu **envoies**		▶ 138	envoyer

- oient

→ le sujet du verbe peut être **ils**, **elles**
✸ FINALE D'UN VERBE

ils **voient**	3e pers. plur. indic. présent	▶ 130	voir
ils **croient**			croire
ils **envoient**		▶ 138	envoyer
qu'ils **voient**	3e pers. plur. subj. présent	▶ 130	voir
qu'ils **croient**			croire
qu'ils **envoient**		▶ 138	envoyer
qu'ils **soient**			être
(i) ils **croissent**	3e pers. plur. indic. présent		croitre ◆
ils **accroissent**			accroitre ◆
ils **décroissent**			décroitre ◆
qu'ils **croissent**	3e pers. plur. subj. présent		croitre ◆

aboyer
apitoyer
appuyer
balayer
bégayer
broyer
chatoyer
choyer
convoyer
côtoyer
déblayer
débrayer
délayer
déployer
effrayer
égayer
embrayer
employer
ennuyer
enrayer
essayer
essuyer
envoyer
festoyer
flamboyer
foudroyer
fourvoyer
frayer
grasseyer
guerroyer
jointoyer
larmoyer
louvoyer
monnayer
nettoyer
noyer
octroyer
pagayer
payer
ondoyer
ployer
poudroyer
prépayer
rayer
réemployer
rejointoyer
relayer
remblayer
renvoyer
repayer
rudoyer
soudoyer
sous-employer
sous-payer
tournoyer
tutoyer
verdoyer
vouvoyer
zézayer

◊ En suivant l'orthographe traditionnelle : *croître, accroître, décroître.*

J'ENTENDS...   **a**   [a]

J'ÉCRIS...

| as | a | à |

▷ - a, - as

as	→ le sujet du verbe est **tu**
	→ peut être remplacé par **avais**
	✸ FORME DU VERBE *AVOIR*

Tu **as** de jolies lunettes.   2ᵉ pers. sing. indic. présent   ▶ 126   avoir
Tu **as** acheté ce livre.
As-tu vu des étoiles filantes ?
Tu l'**as** déjà fait.

a	→ le sujet du verbe peut être **il**, **elle**, **on**
	→ peut être remplacé par **avait**
	✸ FORME DU VERBE *AVOIR*

Elle **a** raison.   3ᵉ pers. sing. indic. présent   ▶ 126
Flavie **a** le même bracelet.
Le coureur **a** reçu une médaille.
Ces livres, ma sœur les **a** déjà lus.
A-t-il gagné la partie ?
Jean les **a** remerciés.

| **à** | → ne peut être remplacé par **avait** |
| | ✸ MOT DE LIAISON (PRÉPOSITION) |

C'est **à** Delphine.
Demain **à** huit heures.
À samedi !

Mais pourquoi a-t-il besoin d'attendre jusqu'à cette heure ?

J'ENTENDS...   **quan**   [kɑ̃]

J'ÉCRIS...   **quand**   **quant à**   **qu'en**

---

quand	→ peut être remplacé par un autre adverbe interrogatif (ex. **comment ?**)
	✻ ADVERBE INTERROGATIF

***Quand** viens-tu ?*

---

quand	→ peut être remplacé par **lorsque**
	✻ MOT DE LIAISON (CONJONCTION DE SUBORDINATION) + PHRASE

***Quand** tu viens, apporte ton jeu.*
*Viens **quand** tu peux.*

---

quant à **quant au(x)**	→ peut être remplacé par **pour ce qui est de**
	✻ MOT DE LIAISON (PRÉPOSITION)

***Quant à** toi, fais attention !*
***Quant aux** autres, ils se débrouilleront.*
***Quant au** plombier, on verra.*

---

qu'en	→ peut être remplacé par **que + ... de cela**
	✻ que + en

***Qu'en** dis-tu ?*
*Tu sais ce **qu'en** pensent tes parents ?*

J'ENTENDS... **què.l** [kɛl]

J'ÉCRIS...

quel quels quelle quelles
qu'elle qu'elles

quel — DÉTERMINANT INTERROGATIF MASC. SING. + nom

Quel temps fait-il ?
Par **quel** chemin faut-il aller ?

quels — DÉTERMINANT INTERROGATIF MASC. PLUR. + nom

Quels résultats as-tu ?
Pour **quels** cours ?

quelle — DÉTERMINANT INTERROGATIF FÉM. SING. + nom

Quelle heure est-il ?
Il ne sait **quelle** route prendre.

quelles — DÉTERMINANT INTERROGATIF FÉM. PLUR. + nom

Quelles photos as-tu envoyées ?
Avec **quelles** enveloppes ?

quel — PRONOM INTERROGATIF MASC. SING. + verbe

Quel est le meilleur ?

quels — PRONOM INTERROGATIF MASC. PLUR. + verbe

Quels sont ceux qui vont courir ?

quelle — PRONOM INTERROGATIF FÉM. SING. + verbe

Quelle est ta couleur préférée ?

quelles — PRONOM INTERROGATIF FÉM. PLUR. + verbe

Quelles étaient les réponses ?

qu'elle
→ peut être remplacé par **qu'il**
* que + *elle* (pronom personnel)

Qu'elle vienne nous voir !

qu'elles
→ peut être remplacé par **qu'ils**
* que + *elles* (pronom personnel)

Il faudrait **qu'elles** viennent.

J'ENTENDS... **la** [la]

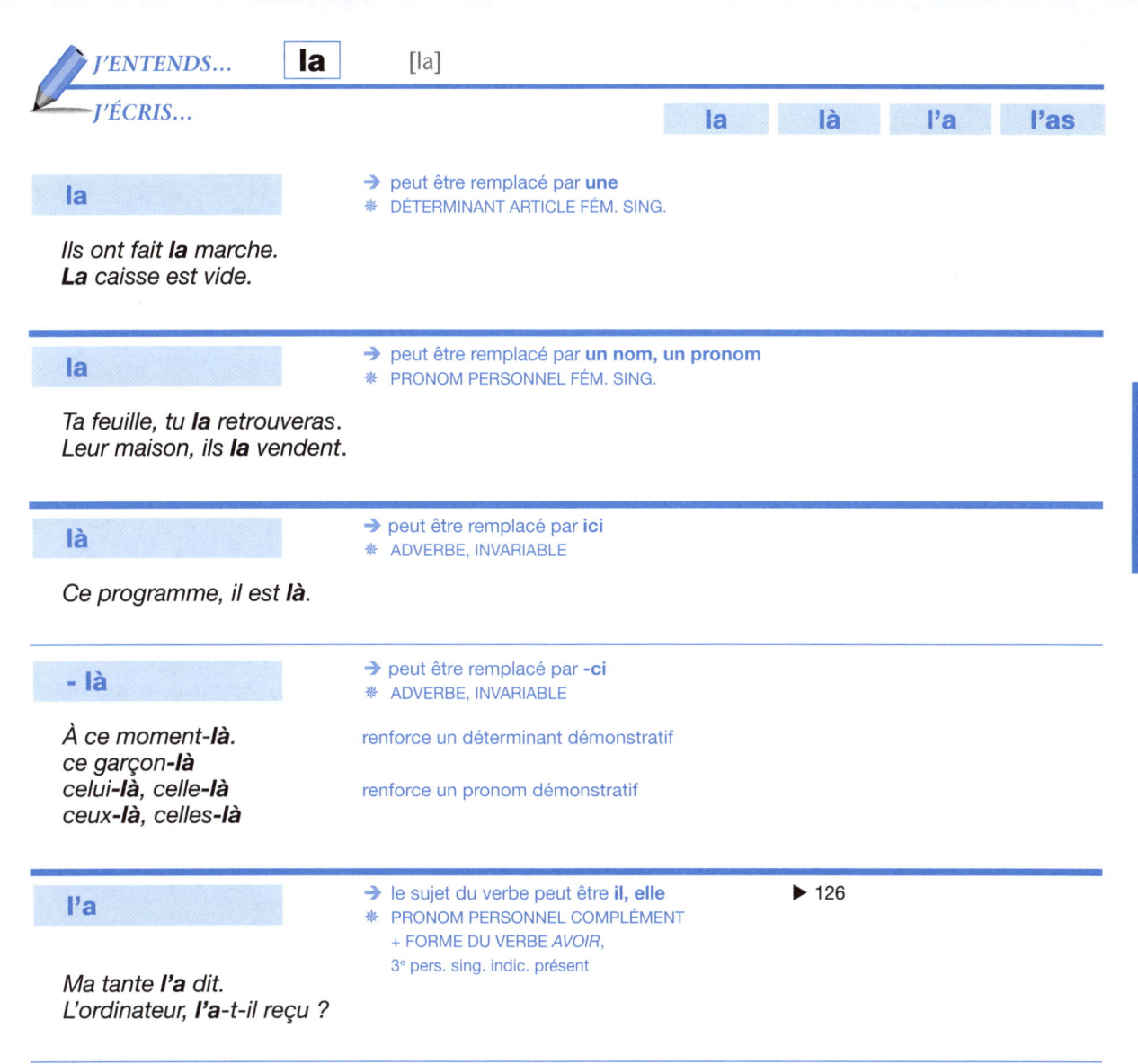

J'ÉCRIS... la   là   l'a   l'as

| **la** | → peut être remplacé par **une** |
| | ✱ DÉTERMINANT ARTICLE FÉM. SING. |

Ils ont fait **la** marche.
La caisse est vide.

| **la** | → peut être remplacé par **un nom, un pronom** |
| | ✱ PRONOM PERSONNEL FÉM. SING. |

Ta feuille, tu **la** retrouveras.
Leur maison, ils **la** vendent.

| **là** | → peut être remplacé par **ici** |
| | ✱ ADVERBE, INVARIABLE |

Ce programme, il est **là**.

| **- là** | → peut être remplacé par **-ci** |
| | ✱ ADVERBE, INVARIABLE |

À ce moment-**là**.   renforce un déterminant démonstratif
ce garçon-**là**
celui-**là**, celle-**là**   renforce un pronom démonstratif
ceux-**là**, celles-**là**

l'a	→ le sujet du verbe peut être **il, elle** ▶ 126
	✱ PRONOM PERSONNEL COMPLÉMENT
	+ FORME DU VERBE *AVOIR*,
	3ᵉ pers. sing. indic. présent

Ma tante **l'a** dit.
L'ordinateur, **l'a**-t-il reçu ?

l'as	→ le sujet du verbe est **tu** ▶ 126
	✱ PRONOM PERSONNEL COMPLÉMENT
	+ FORME DU VERBE *AVOIR*,
	2ᵉ pers. sing. indic. présent

La statue, tu **l'as** donc vue.
Ce livre, tu **l'as** acheté ?
L'as-tu trouvé ?

J'ENTENDS... **leur** [lœʀ]

J'ÉCRIS...

leur   **leurs**

leur
→ peut être remplacé au sing. par **lui**
❋ PRONOM PERSONNEL avant le verbe

Je **leur** ai tout expliqué.

leur
→ s'il désigne un exemplaire
→ peut souvent être remplacé par **le, la / un, une**
❋ DÉTERMINANT POSSESSIF SING. + NOM

Leur projet est bon.
Ils prennent **leur** temps.

leurs
→ s'il désigne plusieurs exemplaires
→ peut souvent être remplacé par **les / des**
❋ DÉTERMINANT POSSESSIF PLUR. + NOM

Ils prennent **leurs** affaires.
Leurs livres et **leurs** cahiers.

ⓘ Elles ont **leur** cahier (ou **leurs** cahiers).   sing. ou plur. possible
Les oiseaux font **leur** nid (ou **leurs** nids).
Ils ont revu **leur** cousin (ou **leurs** cousins).   sing. ou plur. suivant le contexte

le leur
PRONOM POSSESSIF MASC. SING.

Ton bonheur fera **le leur**.

la leur
PRONOM POSSESSIF FÉM. SING.

Cette affaire était **la leur**.

les leurs
PRONOM POSSESSIF MASC. OU FÉM. PLUR.

Ces crayons, ce sont **les leurs**.
Ces fleurs, **les leurs**, sont magnifiques.

ⓘ Je *le* **leur** ai dit.   PRONOM PERSONNEL + PRONOM PERSONNEL
Tu *la* **leur** rapporteras.
Elle *les* **leur** donnera.

J'ENTENDS... mè.m [mɛm]

J'ÉCRIS...

même | mêmes

même

→ peut être remplacé par **aussi**
✻ ADVERBE, invariable

Elle a **même** tout noté.
Même ses copains le savent.

même

→ varie en nombre
✻ ADJECTIF indéfini

En **même** temps.

mêmes

→ varie en nombre
✻ ADJECTIF INDÉFINI

Dans ces **mêmes** classes.

le même

PRONOM INDÉFINI

Émeline a vu **le même**.

la même

PRONOM INDÉFINI

Aurélie a fait **la même**.

les mêmes

PRONOM INDÉFINI

Gautier et Lola ont **les mêmes**.

(i) moi-même
toi-même
lui-même
elle-même

Même, joint au pronom personnel avec trait d'union

nous-mêmes
vous-mêmes
eux-mêmes
elles-mêmes

Même varie en nombre (sauf pluriel de politesse)

J'ENTENDS… **on** [õ]

J'ÉCRIS… **ont** **on** **on n'**

▷ - ons, - ont

ont

→ peut être remplacé au sing. par **a**
✳ FORME DU VERBE *AVOIR*

Pauline et Léane **ont** le même foulard. 3ᵉ pers. plur. indic. présent ▶ 126 avoir
Ces livres, elles les **ont** déjà lus.

ⓘ ils **ont** (comme…)   ▶ 126 avoir
ils **sont**   3ᵉ pers. plur. indic. présent   ▶ 127 être
ils **font**   ▶ 130 faire
ils **vont**   ▶ 130 aller

on

→ peut être remplacé par **il, elle**
✳ PRONOM INDÉFINI

On l'appelle Marie-France.
On aura tout vu !
Ces feuilletons, **on** les a tous vus.

on n'

→ peut être remplacé par **on + ne + sera**…
✳ PRONOM INDÉFINI + NÉGATION (*NE… PAS, NE… PLUS*…)

On n'est pas prêt !
On n'ira plus au cinéma.
On n'a jamais vu ça.

> Pauline et Léane ont le même foulard.

J'ENTENDS... `ou` [u]

J'ÉCRIS... `ou` `où`

▷ - ous, - out, - oud, ...

ou	→ peut être remplacé par **ou bien**
	✳ MOT DE LIAISON (CONJONCTION DE COORDINATION)

le sel **ou** le poivre
C'est lui **ou** moi.

où	→ ne peut être remplacé par **ou bien**
	✳ ADVERBE INTERROGATIF

Où vas-tu ?
D'**où** viens-tu ?

où	→ ne peut être remplacé par **ou bien**
	✳ PRONOM RELATIF

Dis **où** tu vas.
Le pays d'**où** je viens.

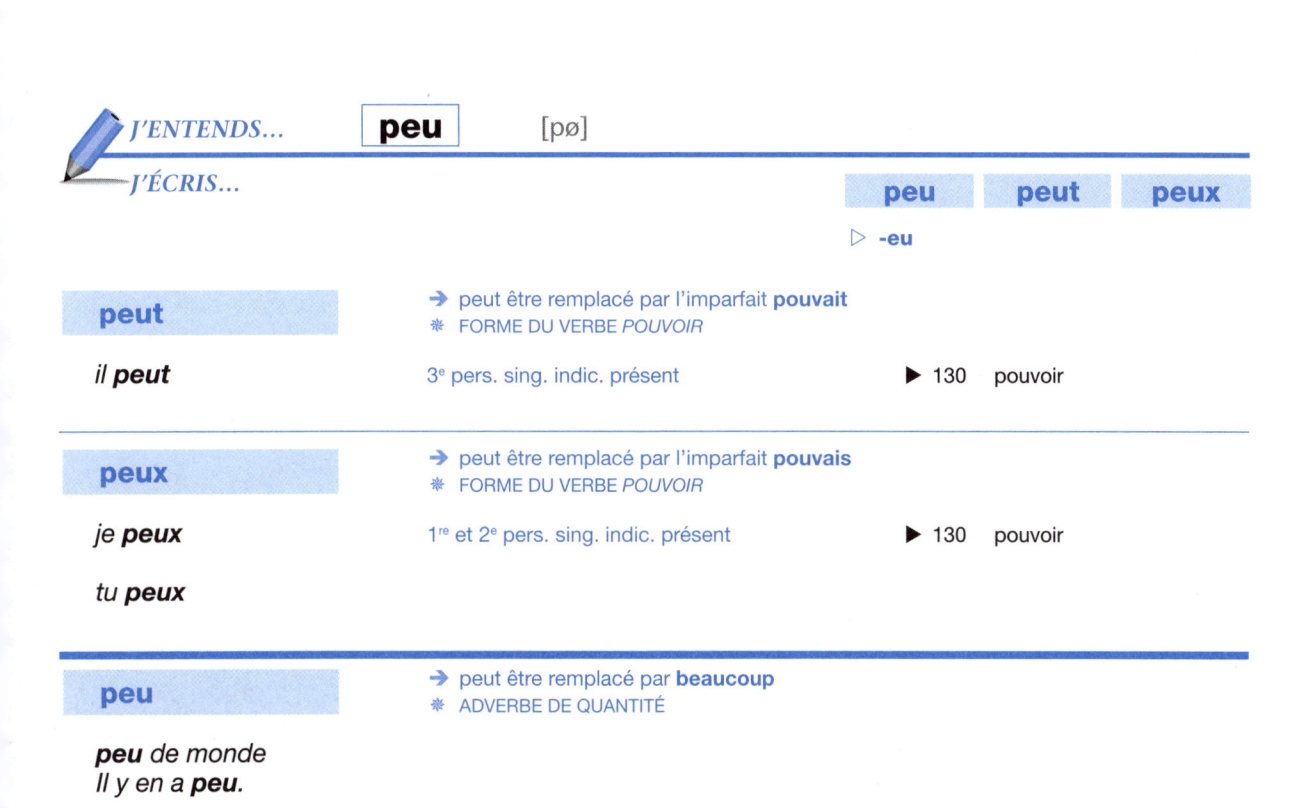

J'ENTENDS... `peu` [pø]

J'ÉCRIS... `peu` `peut` `peux`

▷ -eu

peut	→ peut être remplacé par l'imparfait **pouvait**
	✳ FORME DU VERBE *POUVOIR*

il **peut**   3ᵉ pers. sing. indic. présent   ▶ 130   pouvoir

peux	→ peut être remplacé par l'imparfait **pouvais**
	✳ FORME DU VERBE *POUVOIR*

je **peux**   1ʳᵉ et 2ᵉ pers. sing. indic. présent   ▶ 130   pouvoir

tu **peux**

peu	→ peut être remplacé par **beaucoup**
	✳ ADVERBE DE QUANTITÉ

peu de monde
Il y en a **peu**.

J'ENTENDS... **sa** [sa]

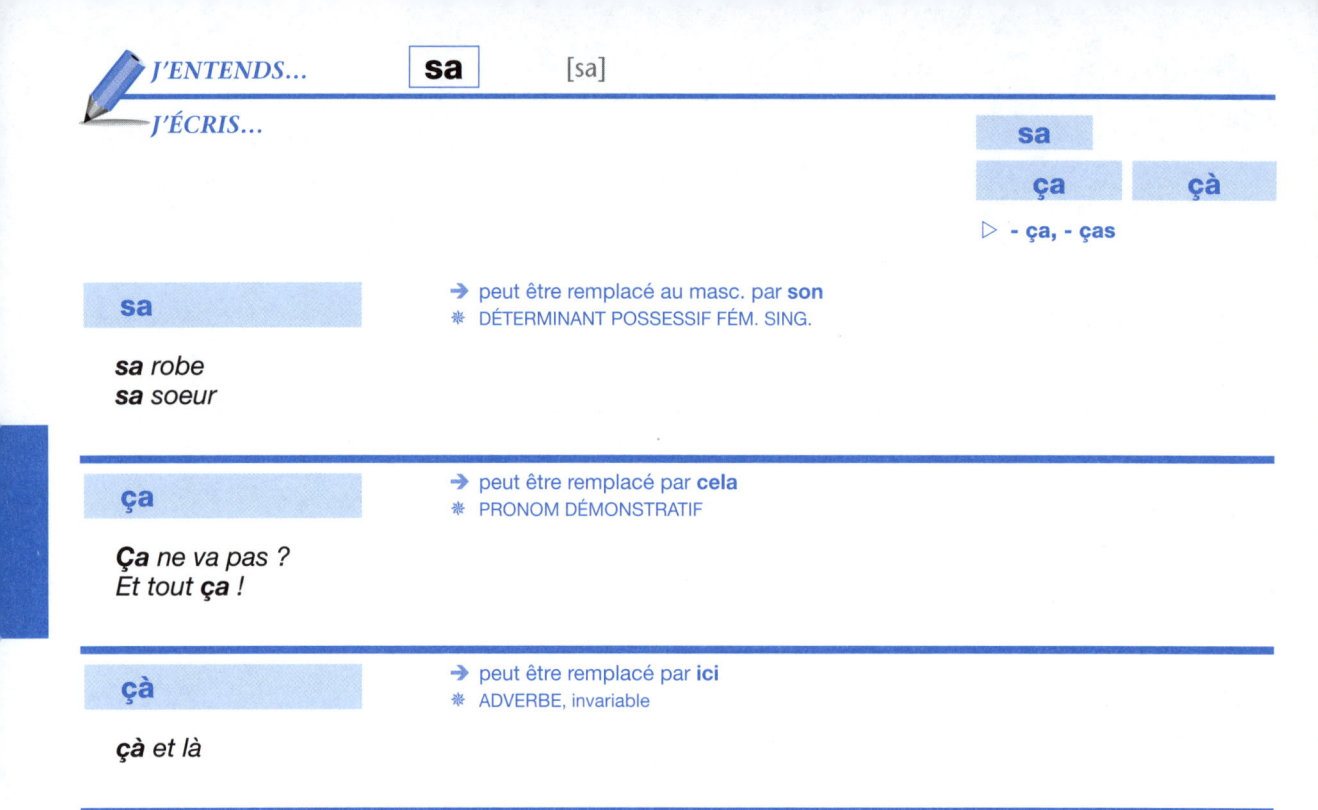

J'ÉCRIS...

sa   **ça**   **çà**

▷ - ça, - cas

sa

→ peut être remplacé au masc. par **son**
✳ DÉTERMINANT POSSESSIF FÉM. SING.

sa robe
sa soeur

ça

→ peut être remplacé par **cela**
✳ PRONOM DÉMONSTRATIF

Ça ne va pas ?
Et tout ça !

çà

→ peut être remplacé par **ici**
✳ ADVERBE, invariable

çà et là

J'ENTENDS... **san** [sã]

J'ÉCRIS...

cent	cents
c'en	s'en
sans	

▷ - ça, - ças

---

cent   NUMÉRAL   ▶ 122

cent euros
les cent premiers
faire les cent pas
cent pour cent
trois-cent-mille *euros* ♦

---

cents   NUMÉRAL   ▶ 122

deux-cents *élèves* ♦
trois-cents *millions* ♦

---

sans   → peut être remplacé au singulier par **avec**
                            ✳ MOT DE LIAISON (PRÉPOSITION)

un ciel sans étoiles

ⓘ *sans faute*
sans façon
sans bagage
(ou sans bagages)

---

c'en   → peut être remplacé par **cela en est**
                            ✳ PRONOM *CE* (CELA) + PRONOM *EN*

***C'en** est fait de vous.*

---

s'en   ✳ PARTIE D'UNE FORME VERBALE PRONOMINALE
                            + PRONOM *EN*

*On **s'en** ira.*   s'en aller

♦ Orthographe rectifiée : *trois-cent-mille euros, deux-cents élèves, trois-cents millions*.
◇ En suivant l'orthographe traditionnelle : *trois cent mille euros, deux cents élèves, trois cents millions*.

J'ENTENDS... **se** [sə]

J'ÉCRIS...   ce   se

ce

→ peut être suivi, après le nom, de **-ci / -là**
* DÉTERMINANT DÉMONSTRATIF

Il parle de **ce** match.
Ce dessin est parfait.
Ce jeu-ci.
Ce règlement-là.

ce

→ peut souvent être remplacé par un autre pronom (**cela**, **il**, **ils** …)
* PRONOM DÉMONSTRATIF

Ce sera fait demain.
Ce sont mes amis.
Qui est-**ce** ?
Qu'est-**ce** que c'est ?
Va voir **ce** qu'ils font.

se

* PRONOM DANS UNE FORME VERBALE PRONOMINALE
 (à la 3ᵉ pers. ou à l'infinitif)

Elle **se** trompera.   se tromper
Ils **se** battent.   se battre
se revoir   se revoir

J'ENTENDS… **sè** [sɛ]

J'ÉCRIS…

ces   **ses**
c'est   **s'est**

▷ - çais, - çait, - çaient

ces
→ peut être remplacé au singulier par **ce**, **cet**, **cette**
✻ DÉTERMINANT DÉMONSTRATIF PLURIEL

*Elle a vu **ces** personnes.*

ses
→ peut être remplacé au singulier par **son**, **sa**
✻ DÉTERMINANT POSSESSIF PLURIEL

*Il a retiré **ses** chaussures.*

c'est
→ peut être remplacé par **cela est**
✻ PRONOM *CE* + verbe *être* 3ᵉ pers. sing. indic. présent

***C'est** à vous.*
***C'est** la maison.*

s'est
✻ PRONOM *SE* + verbe *être* 3ᵉ pers. sing. indic. présent
(partie d'une forme verbale pronominale)

*Elle **s'est** bien amusée.*   s'amuser
*Il **s'est** perdu.*   se perdre

J'ENTENDS…	**si**	[si]

J'ÉCRIS…   **s'y**   **si**   **ci**

s'y

→ peut être remplacé par **m'y** ou **t'y**
❋ S'Y DANS UNE FORME VERBALE PRONOMINALE (s' (se) + y)

Il faudra **s'y** faire.   se faire
Il **s'y** met, lui aussi !   se mettre
Le livre **s'y** trouve.   se trouver

si

→ peut être remplacé par **aussi**
❋ ADVERBE

Si malin qu'il est…   pour répondre à une phrase négative ou renforcer la réponse
Mais **si** !

Viens **si** tu veux.   ❋ MOT DE LIAISON (CONJONCTION DE SUBORDINATION)
                            + condition ou interrogation
Je ne sais pas **si** elle viendra.

ⓘ Elle ne sait **s'il** vendra.

ⓘ un do, un **si**, un la   NOM (qui désigne une note de musique)
Avec des **si**, on ira loin … NOM (qui indique une supposition)

ci

ADVERBE

ce garçon-**ci**   renforce un déterminant démonstratif
celui-**ci**, celle-**ci**   renforce un pronom démonstratif
ceux-**ci**, celles-**ci**

ci-joint la lettre   → ci- devant des participes passés (ci-joint, ci-inclus, ci-annexé)
la lettre **ci**-jointe

ⓘ Faire **ci**, faire ça.   PRONOM (mis pour **ceci**)

J'ENTENDS... **son** [sɔ̃]

J'ÉCRIS...

sont   **son**

▷ - çons

| **sont** | → peut être remplacé au sing. par **est** |
| | ✱ FORME DU VERBE *ÊTRE* |

Bénédicte et Didier **sont** *là.*   3ᵉ pers. plur. indic. présent   ▶ 127   être
Ces livres, ils leur **sont** *prêtés.*

ⓘ *ils* **sont** *comme aussi*   3ᵉ pers. plur. indic. présent
  ils **ont**   ▶ 126   avoir
  ils **font**   ▶ 130   faire
  ils **vont**   ▶ 130   aller

| **son** | → peut être remplacé par le déterminant **un**, **une** |
| | ✱ DÉTERMINANT POSSESSIF MASC. SING. |

Son *amie est arrivée.*
Tu as éteint **son** *ordinateur.*

Bénédicte et Didier sont là pour son anniversaire !

J'ENTENDS… **tou** [tu]

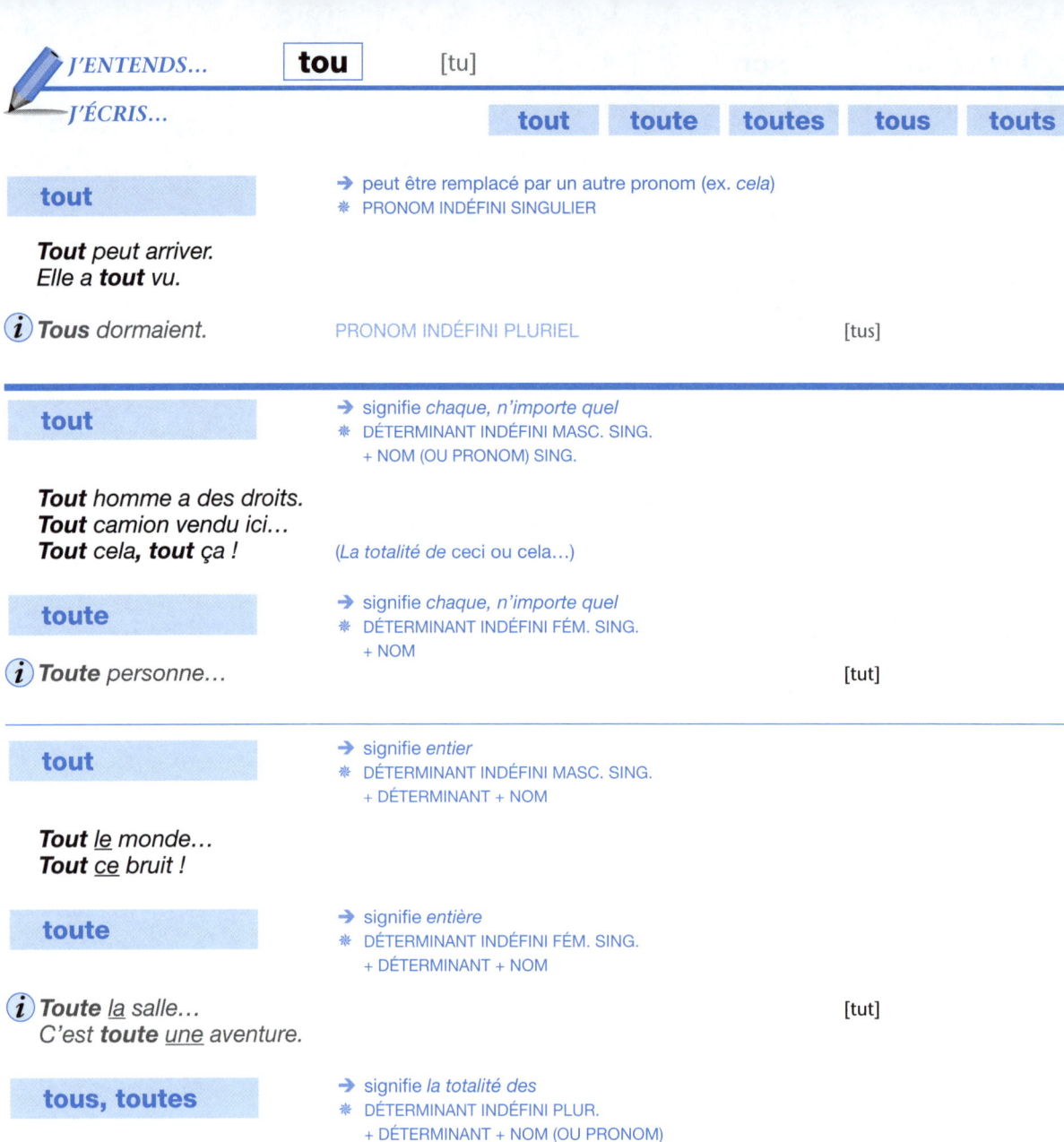

J'ÉCRIS… | tout | toute | toutes | tous | touts |

---

tout

→ peut être remplacé par un autre pronom (ex. *cela*)
❋ PRONOM INDÉFINI SINGULIER

Tout peut arriver.
Elle a **tout** vu.

(i) **Tous** dormaient.   PRONOM INDÉFINI PLURIEL   [tus]

---

tout

→ signifie *chaque, n'importe quel*
❋ DÉTERMINANT INDÉFINI MASC. SING.
  + NOM (OU PRONOM) SING.

Tout homme a des droits.
Tout camion vendu ici…
Tout cela, **tout** ça !   (La totalité de ceci ou cela…)

toute

→ signifie *chaque, n'importe quel*
❋ DÉTERMINANT INDÉFINI FÉM. SING.
  + NOM

(i) **Toute** personne…   [tut]

---

tout

→ signifie *entier*
❋ DÉTERMINANT INDÉFINI MASC. SING.
  + DÉTERMINANT + NOM

Tout le monde…
Tout ce bruit !

toute

→ signifie *entière*
❋ DÉTERMINANT INDÉFINI FÉM. SING.
  + DÉTERMINANT + NOM

(i) **Toute** la salle…   [tut]
C'est **toute** une aventure.

tous, toutes

→ signifie *la totalité des*
❋ DÉTERMINANT INDÉFINI PLUR.
  + DÉTERMINANT + NOM (OU PRONOM)

Tous ces gens…   [tu]
Toutes mes chances !   [tut]

Tous ceux du village…   [tu]
Toutes celles qui partent…   [tut]

(i) **Tous** les deux jours.   (signifie *chaque deuxième jour*)   [tu]

tout

→ signifie *tout à fait*
✻ ADVERBE (INVARIABLE) [tu]

*Ils seront **tout** contents.*
*Des souliers **tout** neufs.*

toute, toutes

ADVERBE (variable devant un mot féminin commençant par une consonne ou par un *h* aspiré) [tut]

(*i*) *Elle est **toute** contente.*
*Elle est **toute** honteuse.*
*Elles sont **toutes** malheureuses.*
*Des bottes **toutes** neuves.*

tout, touts

NOM AU SINGULIER OU AU PLURIEL

*un **tout**, des **touts**,* [tu]
*Le **tout** pour le **tout**.*

(*i*) ■ On écrit :

*en **toutes** lettres*
*de **tout** cœur*
*à **toute** vitesse*

toute sorte de *bonheur*   toute sorte de + nom au singulier
toutes sortes de *fruits*   toutes sortes de + nom au pluriel
toute espèce de *biscuits*   toute espèce de + nom

■ On peut écrire :

*de **tout** côté*   ou   *de **tous** côtés*
*de **toute** façon*   ou   *de **toutes** façons*
*à **tout** moment*   ou   *à **tous** moments*
*en **tout** sens*   ou   *en **tous** sens*
*de **toute** sorte*   ou   *de **toutes** sortes*

RÉPERTOIRE PHONÉTIQUE

A	`a`	-a -as -ats -at a (il) as (tu) à	10 **94**
	`al`	-al -als -ale -ales -ale -ales -alent -alle -alles -allent	11
	`a.i`	-ail -ails -aille -ailles -aillent aille (que j' / qu'il) ailles (que tu) aillent (qu'ils)	14 14
	`a.n`	-ane -anes -anent -anne -annes -annent	16
	`a.t`	-ate -âte -ates -âtes -atent -âtent -atte -attes -attent	18
C **k** **qu**	`quan`	quand quant (à) qu'en	**95**
	`que`	-que -ques -quent	70
	`què.l`	quel quels quelle quelles qu'elle qu'elles	**96**
E	`e`	-e -es -ent	20
	`eu`	-eu -eus -eue -eues -eus -eux -eut -eux -œux eux	22
	`eu.r`	-eur -eurs -eure -eures -eurs -eurt -eure -eures -eurent	24
	`eu.z`	-euse -euses -euse -euses -eusent	26
	`é`	-er -ez -é -és -ée -ées -ai ai (j')	27, 28
	`è`	-ais -ait aie aie (que j') aies (que tu) ait (qu'il) aient (qu'ils)	29
	`è`	-et -ets -êt -êts es (tu) est (il)	31
	`è.i`	-eil -eils -eille -eille -eilles -eillent ayons ayez	32 53, 49
	`èl`	-el -els -elle -elles -elle -elles -ellent -èle -èles -èlent elle elles	34 36
	`èn`	-ène -ènes -ènent	37
	`èr`	-ère -ères -ère -ères -èrent -ers -ert -erds -erd	38
	`èt`	-ète -ètes -ette -ettes -ète -ètes -ètent -ette -ettes -ettent êtes (vous)	40 42
AN **en**	`an` `en`	-and -ands -end -ends -ant -ants	43
G **gue**	`gu.`	-gue -gues -guent	44

I	i	-i -ie -ies -is -is -it -ie -ies -ix	45	
		mi demi	47	
	ié -i.ié	-ier -iez -ié -iés -iée -iées -iiez	48	
	ié i.ié	-yer -yez -yé -yés -yée -yées -yiez	49	
	i.in	-iens -ient mien tien sien	50	
	i.èn	-ienne -iennes -ienne -iennes -iennent mienne tienne sienne	51	
	ion-i.ion	-ions -iions	52	
	ion-i.ion	-yons -yions	53	
	ir	-ir -ire -ires -irent -ïrent	54	
IN	[in]	-ins -int -ainc -aincs	55	
		-ains -aint -eins -eint	55	
		plein	56	
J **g = j**	jé	-ger -gez -gé gés -gée -gées -geai j'ai	57	
	jè	-geais -geait -geaient	58	
	jon	-geons	58	
L	la	la là l'a l'as	97	
	leur	leur leurs	98	
M	me	-mes -âmes -îmes -ïmes -ûmes	59	
	mè.m	même mêmes	99	
	man	-ment -(e)mment -(a)mment mens (je, tu) ment (il)	60	
O **au**	o	-au -aus -aux -aux -aut -eau -eaux	61	
	o.n	-onne -onnes -onne -onnes -onnent -one -ones -onent	64	
	o.t	-otte -ottes -ottent -ote -otes -otent	65	
ON	on	-ons -ont -onds -ond -omps -ompt	66	
		ont (ils) on on n'	100	
OU	ou	-ou -ous -oux -out -ouds -oud	68	
		ou où	101	

P	peu	peu peux (je / tu) peut (il)	101
Q	(voir C)		
R	ra	-ras -ra	72
	ré	-rai -rez	73
	rè	-rais -rait -raient	74
	rié	-riez	75
	rion	-rions	76
	ron	-rons -ront	77
S C = S	sa	-ça -ças sa ça çà	78 102
	san	cent cents s'en c'en sans	103 103
	se	ce se	104
	sé	-çai	78
	sè	-çais -çait -çaient sais (je / tu) sait (il) ces ses c'est s'est	79 79 105
	si	s'y si ci	106
	soi	-çois -çoit sois (que je / tu) soit (qu'il) soient (qu'ils) soi	80
	son	-çons son sont (ils)	81 107
	su	-çus -çut -çu -çus -çue -çues su sus sue sues sus (je / tu) sut (il)	82 83
T	te	-tes -âtes -îtes -ïtes -ûtes	84
	teur	-teur -teurs	85
	tou	tout tous toute toutes touts	108
	tri.s	-trice -trices	86
U	u	-u -us -ue -ues -us -ut -ût -üe -ües nu eu eus eue eus eus (j' / tu) eut (il)	87 90
	ur	-ure -ures -urent eurent (ils)	91
W	wa	-ois -oit -oie -oies -oient	92
	w.oin	-oins -oint -oint -oints	63

113

Écrire avec l'orthographe rectifiée

Depuis quelques années, les règles de l'orthographe rectifiée (appelée souvent « nouvelle orthographe ») sont d'application. La plupart des dictionnaires indiquent, pour les mots concernés, deux orthographes : celle qui est rectifiée et celle qui ne l'est pas.
Une erreur ne peut pas être comptabilisée quand on utilise l'orthographe rectifiée.

Les numéraux composés sont désormais reliés par un trait d'union.	*trois-mille-cinq-cent-vingt-et-un*
Des mots composés avec trait d'union sont désormais soudés sans trait d'union.	*entretemps, un weekend, un portemonnaie*
Le pluriel des noms composés d'un verbe et d'un nom ou d'un mot invariable et d'un nom se forme comme les noms simples : seul le dernier élément prend la marque du pluriel.	*un pare-choc, des pare-chocs un sèche-cheveu, des sèche-cheveux un après-midi, des après-midis*
Le pluriel des noms empruntés à des langues étrangères se forme selon les règles habituelles en ajoutant la marque du pluriel au singulier.	*des matchs, des spaghettis, des box, des syllabus*
L'accent circonflexe n'est plus utilisé sur le *i* et sur le *u* (sauf dans des mots homonymes et aux 1res et 2es pers. du pluriel de l'indicatif passé simple).	*connaitre il connait le mois d'aout jeûne/jeune mûr/mur sûr/sur du pain/de l'argent dû je croîs/je crois (croitre ♦/croire) nous offrîmes vous fîtes nous eûmes vous fûtes*
Les mots écrits avec un tréma sont orthographiés avec le tréma placé sur la voyelle prononcée.	*aigüe ambigüe ambigüité exigüe gageüre*
Les verbes en -é.er prennent un accent grave au futur simple et au conditionnel présent (sur le *e* en fin de syllabe suivi d'une syllabe avec un *e* muet).	*je cèderai elle règlera*
Les verbes en -eler, -eter sont conjugués sur le modèle de *peler* et *acheter* (sauf *appeler, jeter* et leurs composés, ainsi qu'*interpeler*).	*il étiquète il ruissèle elle étiquètera il congèle j'appelle tu jettes ils interpellent*
Certains mots avec un é ont été rectifiés conformément à leur prononciation.	*un évènement un Québécois règlementer*
Le participe passé de *laisser* suivi d'un infinitif est invariable (comme celui de *faire*).	*ils se sont laissé tomber il les a fait tomber*
Les participes passés d'*absoudre* et de *dissoudre* se terminent par un *t* au masculin singulier.	*absout dissout du sucre dissout*

En savoir plus...

Notre écriture utilise l'alphabet latin. Mais ces dessins ne reproduisent pas fidèlement ce que nous disons tout haut. Le *s* de *propos*, par exemple, ne se prononce pas ; il se prononce *s* dans *site* et *z* dans *proposer*... Et que dire du *é*, à écrire *é, er, ez, ai* !

Une certaine manière correcte d'écrire les mots de la langue s'est donc petit à petit installée. **L'orthographe** (du grec *ortho-*, correct et *graphein*, écrire) a pris sa place, avec des règles et des rectifications données époque par époque.

Depuis le XVIe siècle, le système orthographique français se réforme !
Exemples : en 1549, on écrit *desia* et en 1694, *déjà* ; en 1835, *il était* remplace *il étoit* , le pluriel *enfants* s'écrit avec le *t* et non plus *enfans* ; aujourd'hui encore, on continue à écrire *clef* alors que depuis longtemps on l'a rectifié en *clé* ! En 1990, des *Rectifications de l'orthographe* ont été publiées. Ces modifications sont petit à petit entrées dans les dictionnaires.

Pour information, consulter les sites suivants :
http://www.orthographe-recommandee.info
http://www.languefrancaise.cfwb.be

ACCORDER LE VERBE

Reconnaître le verbe

- Un verbe est un mot qui se conjugue.

    Savoir   Je *sais*   Nous *savons*
              Tu *sais*   Vous *savez*
              Il *sait*   Ils *savent*

- Un verbe peut être encadré par une négation : *ne … pas, ne … plus, ne … jamais*

    Je ne **sais** pas.   Tu ne **sais** plus.   On ne **sait** jamais.

Reconnaître le sujet

- Le sujet peut être encadré par *c'est … qui, ce sont … qui*.
  Je, tu, il, on, ils sont toujours des pronoms sujets.

    <u>Tu</u> prépares un voyage.
    <u>Tout le groupe</u> part en voyage.   C'est tout le groupe qui part en voyage. Il part …

- Le sujet se trouve habituellement devant le verbe. Mais il peut aussi se trouver après le verbe.

    Dans le bus, <u>les enfants</u> ont chanté *tout le temps*.   Ce sont les enfants qui ont chanté…
    Sur la plaine stationnaient <u>de nouveaux bus tout blancs</u>.   Ce sont de nouveaux bus… qui stationnaient…
    Entrez ! répétait <u>le chauffeur</u>.   C'est le chauffeur qui répétait…
    Vers quelle heure vais-<u>je</u> rentrer ?   C'est moi qui vais rentrer…

- Le sujet peut être éloigné du verbe. Un ou plusieurs mots font écran.

    <u>Les avions</u>, à cause du mauvais temps, <u>décollent</u> avec une heure de retard.
    <u>Elle</u> les <u>regarde</u> décoller.

- Le sujet peut être :

    · un pronom   <u>Tu</u> prendras le train.   Tu   2ᵉ pers. sing. → prend<u>ras</u>
    · un nom   <u>Marie</u> connaissait l'horaire.   Marie   3ᵉ pers. sing. → connaiss<u>ait</u>
    · un groupe nominal   <u>Les gros sacs</u> seront rassemblés.   les sacs   3ᵉ pers. plur. → ser<u>ont</u>
    · un verbe à l'infinitif <u>Voyager</u> est intéressant.   voyager   3ᵉ pers. sing. → est
    · une proposition (phrase) <u>Qui a voyagé</u> voyagera !   Qui a voyagé 3ᵉ pers. sing. → voyager<u>a</u>

Accorder le verbe

- Le verbe s'accorde en personne et en nombre avec le centre du groupe sujet.

  (1ʳᵉ pers. JE-NOUS, 2ᵉ TU-VOUS, 3ᵉ IL-ILS) (singulier-pluriel)

    Les <u>avions</u> ne <u>décolleront</u> pas ce soir.

         Centre   Verbe
    du groupe sujet   3ᵉ pers. plur.

- Quand il y a plusieurs sujets, le verbe se met au pluriel.

    <u>Ma sœur et mon frère</u> <u>arrivent</u> aujourd'hui.   (= <u>Ils</u> arrivent…)

- Le sujet peut être composé de plusieurs mots de personnes différentes.

    Accord : la 1ʳᵉ personne a toujours la priorité,   <u>Mes parents et moi</u> prend<u>rons</u> l'avion ce soir.   (Mes parents et moi = nous)

              la 2ᵉ personne a la priorité sur la 3ᵉ.   <u>Tes sœurs et toi</u> prend<u>rez</u> l'avion demain matin.   (Tes sœurs et toi = vous)

ACCORDER LES PARTICIPES PASSÉS

Reconnaître un participe passé

- Un participe passé est la 2ᵉ partie d'une forme verbale. Quand il est employé seul, il est considéré comme un adjectif.

    Mélanie a **rangé** les jeux. Mélanie a **vu, décrit, ouvert**…les jeux.
    Ce sont les jeux que Raphaël a **rangés**. Ce sont les jeux qu'il a **vus, décrits, ouverts**…
    Il est **descendu** de l'échelle. Il est **monté, sorti**….

    Des jeux **rangés**. (=adjectif) Des jeux **vus, décrits, ouverts**…

- La plupart des participes passés se terminent par -é, -i ou -u.

    rangé, fini, vu…

    Certains se terminent par –s ou –t.

    remis, décrit…

    Pour connaître la dernière lettre d'un participe passé au masculin singulier, il suffit de mettre le participe passé au féminin.

    Un titre **écrit** en bleu. Une page **écrite**…

Accorder un participe passé

- Je m'arrête après le participe passé, et je pose la question :

    Est-ce que je sais QUI / CE QUI EST + participe passé ?

    si je réponds **NON**… Le participe passé ne s'accorde pas.

    si je réponds **OUI**… Le participe passé s'accorde en genre et en nombre avec le nom ou le pronom auquel il se rapporte.

1. Il a **rangé** tous les jeux.
   - Je m'arrête après le participe passé. Il a **rangé** / …
   - « Est-ce que je sais CE QUI EST *rangé* ? »   - NON !
   - Le participe passé ne s'accorde pas.   J'écris **rangé**.

2. Les jeux sont **rangés**.
   - Je m'arrête après le participe passé. Les jeux sont **rangés** / …
   - « Est-ce que je sais CE QUI EST *rangé* ? »   - OUI, *les jeux*.
   - Le participe passé s'accorde en genre et en nombre avec le nom *jeux* (masculin pluriel).   J'écris **rangés**.

3. Ce sont les cartes qu'il a **rangées** dans l'armoire.
   - Je m'arrête après le participe passé. Ce sont les cartes qu'il a **rangées** / …
   - « Est-ce que je sais CE QUI EST *rangé* ? »   - OUI, *les cartes*.
   - Le participe passé s'accorde en genre et en nombre avec le nom *cartes* (féminin pluriel).   J'écris **rangées**.

Règles traditionnelles d'accord du participe passé

- Le **participe passé employé avec l'auxiliaire *être*** s'accorde, comme un adjectif, en genre et en nombre avec le nom ou le pronom qui est le sujet.

    Les armoires sont **peintes**.

- Le **participe passé employé sans auxiliaire** s'accorde, comme un adjectif, en genre et en nombre avec le nom ou le pronom qu'il accompagne.

    Des armoires **peintes**.

- Le **participe passé employé avec l'auxiliaire *avoir*** ne s'accorde pas, sauf si le complément direct est placé avant le participe passé.

    On a **peint**. Elle a **peint** les armoires. mais Les armoires qu'elle a **peintes**.

ACCORDER L'ADJECTIF

Reconnaitre l'adjectif

- Dans un groupe nominal, l'adjectif peut être placé devant ou derrière le nom.
  Il peut aussi se trouver isolé en début ou en fin de phrase.

  > Le **nouveau** jeu.
  > **Splendide**, ce nouveau jeu de cartes !
  >
  > Le jeu **électronique**.
  > Ce jeu vu à la télé, **magnifique** !

- Dans une phrase à verbe *être*, l'adjectif est normalement derrière le verbe *être*.

  > Le jeu est **nouveau**.

- L'adjectif de nationalité s'écrit sans majuscule.

  > La langue **française**.   mais   Un ou des Français.   (nom propre)
  > Un scribe **romain**.   Les Romains.   (nom propre)

Accorder l'adjectif

- Je m'arrête à l'adjectif et je pose la question :

  QUI/qu'est-ce QUI est + adjectif ?

1. *Les jeux **électroniques**.*
- Je m'arrête à l'adjectif. « Qu'est-ce qui est **électronique** ? » *Les jeux*.
2. *Elles sont **sensationnelles**.*
- Je m'arrête à l'adjectif. « Qu'est-ce qui est **sensationnelles** ? » *Elles*.
3. *La **jolie** voiture.*
- Je m'arrête à l'adjectif. « Qu'est-ce qui est **jolie** » ? *La voiture*.

- L'adjectif s'accorde en genre et en nombre avec le nom (ou le pronom) qu'il accompagne.

  1. *Les jeux **électroniques**.*   2. *Elles sont **sensationnelles**.*   3. *La **jolie** voiture.*

      Nom   Adjectif   Pronom   Adjectif   Adjectif   Nom

       Masc. plur.   Fém. plur.   Fém. sing.

Accorder l'adjectif de couleur

- **Un adjectif de couleur en un seul mot**
  s'accorde en genre et en nombre avec le nom qu'il accompagne.

  > Une valise **verte**.
  > Des sacs **blancs**.

- **Un adjectif de couleur en plusieurs mots**
  est invariable.

  > Des valises **bleu clair**.
  > Des sacs **rouge foncé**.

- **Un nom employé comme adjectif de couleur** (*cerise, marron, sable*…)
  est invariable,
  sauf *écarlate, fauve, mauve, rose* et *pourpre* qui prennent *s* au pluriel.

  > Des valises **marron**.   mais   Des sacs **mauves**.

FÉMININ DES NOMS ET DES ADJECTIFS

- Le féminin des noms et des adjectifs se forme généralement en ajoutant un **-e** au nom ou à l'adjectif masculin, sauf si le nom ou l'adjectif est déjà terminé par un **-e**.

    une ami**e**   ma grand**e** ami**e**   une dame malade
    un ami   mon grand ami   une malade

- Les noms et les adjectifs en

    -an   féminin en   **-ane**
    persan, persane ; mahométan, mahométane
    sauf *paysan, paysanne ; valaisan, valaisanne ; Jean, Jeanne*

    -ot   féminin en   **-ote**
    bigot, bigote ; idiot, idiote
    sauf *boulot, boulotte ; pâlot, pâlotte ; sot, sotte ; vieillot, vieillotte*

    -s   féminin en   **-se**
    assis, assise ; exquis, exquise ; français, française
    sauf *bas, basse ; gras, grasse ; las, lasse ; gros, grosse ; épais, épaisse ; métis, métisse*
    NOTE : *exprès, expresse – frais, fraiche* ♦

    -er   féminin en   **-ère**
    berger, bergère ; pâtissier, pâtissière

    -gue   féminin en   **-güe** ♦
    aigu, aigüe ; exigu, exigüe

    -f, -x, -c   féminin respectivement en   **-ve, -se, -que**
    veuf, veuve ; jaloux, jalouse ; turc, turque

    sauf *bref, brève*
    doux, douce ; faux, fausse ; roux, rousse ; vieux, vieille
    grec, grecque – franc, franque (= **peuple**), *franche* (= **sincère**)
    sec, sèche

    -el, -et, -en, -on   féminin respectivement en   **-elle, -ette, -enne, -onne**
    colonel, colonelle ; muet, muette ; gardien, gardienne ; lion, lionne
    sauf *complet, complète ; concret, concrète ; discret, discrète ; inquiet, inquiète ; secret, secrète ; préfet, préfète*
    NOTE : **on ajoute** *chat, chatte - gentil, gentille - nul, nulle*

    -eur   féminin en   **-euse**
    si le mot correspond à un verbe
    chanteur, chanteuse ; moqueur, moqueuse
    sauf *éditeur, éditrice ; inspecteur, inspectrice ; inventeur, inventrice*
    NOTE : *inférieur, inférieure ; mineur, mineure ; supérieur, supérieure*

    -teur   féminin en   **-trice**
    si le mot ne correspond pas à un verbe ou si le nom masculin est en *-ateur*
    acteur, actrice ; instituteur, institutrice ; admirateur, admiratrice
    NOTE : *ambassadeur, ambassadrice ; empereur, impératrice*
    docteur (**féminin** : *doctoresse – femme médecin*)

- Souvent, il est plus facile de partir du nom ou de l'adjectif au féminin pour connaitre la dernière lettre du nom ou de l'adjectif au masculin.

    une marchan<u>de</u>, un marchan<u>d</u>   parfai<u>te</u>, parfai<u>t</u>   gri<u>se</u>, gri<u>s</u>

◊ En suivant l'orthographe traditionnelle : *aiguë, aiguës ; ambiguë, ambiguës ; exiguë, exiguës – fraîche.*

PLURIEL DES NOMS ET DES ADJECTIFS

- Le pluriel des noms et des adjectifs se forme généralement en ajoutant un **s** au nom ou à l'adjectif au singulier, sauf si le nom ou l'adjectif est déjà terminé par **s**, **x** ou **z** au singulier.

  des livre**s** neuf**s** de gros airbus des gaz dangereux
  un livre neuf un gros airbus un gaz dangereux

- Les noms et les adjectifs en

  -ail pluriel en -ails
  détail, détails ; éventail, éventails
  sauf bail, baux ; corail, coraux ; émail, émaux ; fermail, fermaux ; soupirail, soupiraux ; travail, travaux ; vantail, vantaux ; vitrail, vitraux

  -ou pluriel en -ous
  clou, clous ; fou, fous ; bisou, bisous
  sauf bijou, bijoux ; caillou, cailloux ; chou, choux ; genou, genoux ; hibou, hiboux ; joujou, joujoux ; pou, poux

  -au, -eau, -eu, -œu pluriel respectivement en -aux, -eaux, -eux, -œux
  tuyau, tuyaux ; radeau, radeaux ; cheveu, cheveux ; vœu, vœux
  sauf landau, landaus ; sarrau, sarraus ; lieu (=poisson), lieus ; bleu, bleus ; pneu, pneus

  -al pluriel en -aux
  canal, canaux ; cheval, chevaux ; journal, journaux
  sauf bal, bals ; bancal, bancals ; cal, cals ; carnaval, carnavals ; chacal, chacals ; étal, étals ; fatal, fatals ; festival, festivals ; natal, natals ; naval, navals ; récital, récitals ; régal, régals

Pluriel des noms étrangers

Comme les noms français, les noms étrangers forment leur pluriel en -s. ♦

  des spaghetti**s** ♦ un spaghetti
  des match**s** ♦ un match
  des média**s** ♦ un média

◇ En suivant l'orthographe traditionnelle : *des matches.*

Pluriel des noms et des adjectifs composés

- nom + nom	les deux varient le plus souvent	une porte-fenêtre	des portes-fenêtres
- nom + adjectif	les deux varient	un coffre-fort	des coffres-forts
adjectif + nom		un grand-père	des grands-pères
- adjectif + adjectif	les deux varient	un sourd-muet	des sourds-muets
- verbe ou mot invariable + nom	le nom seul se met au pluriel	un essuie-main	des essuie-mains ♦
		avant-dernier	avant-derniers
- mot terminé par -i/-o + adjectif	le second seul varie	franco-canadien	franco-canadiens

◇ En suivant l'orthographe traditionnelle : *un essuie-mains, des essuie-mains.*

Chouette ! Des spaghettis !

ACCORDER L'ADJECTIF VERBAL

Reconnaître l'adjectif verbal et le participe présent

- **Le participe présent** se termine par **- ant**. Il est invariable.

    Pesant   (Verbe *peser*)

    - Il peut être accompagné d'une négation.

    Ne **pesant** *pas les valises…*

    - Il peut être précédé de **en**.

    En **pesant** *les valises…*

    - Il peut être suivi d'un complément.

    Pesant *les valises…*

- **L'adjectif verbal** se termine par **- ant** ou **- ent**.

    une valise **pesante**   des valises **pesantes**   Elles sont **pesantes**.   des bandelettes **adhérentes**
    un sac **pesant**   des sacs **pesants**   Ils sont **pesants**.   des pneus **adhérents**

    - Il peut être précédé d'un adverbe.

    Les valises sont <u>assez</u> ***pesantes***.   *des pneus* <u>vraiment</u> **adhérents**

    - Il peut devenir attribut.

    Les valises sont <u>**pesantes**</u>.   *Ces bandelettes sont* <u>**adhérentes**</u>.

Accorder l'adjectif verbal

- **L'adjectif verbal** s'accorde en genre et en nombre avec le nom ou le pronom qu'il accompagne.

    une personne **vivante**   des preuves **vivantes**   Elles sont **vivantes**.
    un portrait **vivant**   des exemples **vivants**   Ils sont **vivants**.

(i) L'orthographe de l'adjectif verbal est parfois différente de celle du participe présent (toujours en *-ant*).

Participe présent	Adjectif verbal	Participe présent	Adjectif verbal
-ANT	-ENT	-GUANT	-GANT
adhérant affluant coïncidant confluant différant équivalant excellant expédiant influant précédant somnolant	adhérent affluent coïncident confluent différent équivalent excellent expédient influent précédent somnolent	divaguant extravaguant fatiguant intriguant naviguant zigzaguant	divagant extravagant fatigant intrigant navigant zigzagant
-GEANT	-GENT	-QUANT	-CANT
convergeant divergeant négligeant	convergent divergent négligent	communiquant convainquant provoquant suffoquant vaquant	communicant convaincant provocant suffocant vacant

ÉCRIRE LES ADVERBES EN -*MENT*

- Les adverbes en -*ment* sont formés au départ d'adjectifs…

  - terminés par une voyelle   en ajoutant -*ment*

    absolu   **absolument**
    joli   **joliment**
    poli   **poliment**
    gai, gaie   **gaiment** ♦ (**gaîment** ou **gaiement**)

  - terminés par une consonne
    et mis au féminin   en ajoutant -*ment*

    fort, forte   **fortement**
    lent, lente   **lentement**
    sérieux, sérieuse   **sérieusement**

  - terminés par -*ant*   en remplaçant -*ant* par -*amment*

    abondant   **abondamment**
    méchant   **méchamment**

  - terminés par -*ent*   en remplaçant -*ent* par -*emment*

    évident   **évidemment**
    violent   **violemment**

  - d'une manière particulière   en -*ément*

    énorme   **énormément**
    exprès   **expressément**
    immense   **immensément**
    précis, précise   **précisément**

  - en modifiant les adjectifs de départ

    bref   **brièvement**
    gentil   **gentiment**
    traitre ♦   **traitreusement** ♦

Demande-le-moi gentiment !

ÉCRIRE LES NUMÉRAUX

1, 2, 3, 4, 5, 6, 7, 8, 9, 10, 11, 12, 13, 14, 15, 16, 17, 18, 20, 21… 100… 1 000… 1 000 000

un	➜ mot simple ➜ *un* varie en genre	un arbre, une feuille dix heures une
deux, trois, quatre, cinq, six, sept, huit, neuf, dix, onze, douze, treize, quatorze, quinze, seize	➜ mots simples ➜ ne varient pas	les sept boules de cristal
dix-sept, dix-huit, dix-neuf	➜ mots composés ➜ un trait d'union relie les numéraux ➜ ne varient pas	dix-huit classes
vingt-et-un, trente-et-un, quarante-et-un, cinquante-et-un, soixante-et-un, septante-et-un, nonante-et-un	➜ mots composés d'une dizaine et de *un* : trait d'union avant et après *et* ➜ *un* varie en genre	trente-et-une personnes cinquante-et-une pages soixante-et-un ans À NOTER… Il est vingt-et-unième.
vingt, trente, quarante, cinquante, soixante, septante, nonante	➜ mots simples ➜ ne varient pas	trente enfants
vingt-deux, trente-deux… quarante-cinq, soixante-neuf…	➜ mots composés ➜ un trait d'union relie les numéraux ➜ ne varient pas	soixante-cinq centimes
vingt cent quatre-vingts, deux-cents…	➜ mots simples ➜ ne varient pas ➜ mots composés ➜ varient en nombre (-s) - quand ils sont multipliés - et qu'ils terminent le nombre	vingt cahiers cent euros trois-cents mètres trois-cent-vingt kilomètres quatre-vingts ans quatre-vingt-trois ans trois-cent-cinq pages
cent-un, cent-deux… cent-vingt-et-un… cent-soixante-deux…	➜ un trait d'union relie les numéraux	➜ *au kilomètre huit-cent* (mis pour *centième*) ➜ *page quatre-vingt* (mis pour *vingtième*)
mille (**mil**, parfois dans les dates)	➜ ne varie pas	deux-mille dollars en mille-neuf-cent-quarante-cinq an mil-cinq-cents
million milliard zéro	➜ sont des noms ➜ varient en nombre sans trait d'union, ni avant, ni après	trois millions, trois millions deux-cent-mille six milliards d'hommes deux zéros de suite zéro faute

---

En savoir plus…

On dit *septante* en Belgique et *soixante-dix* en France.
nonante en Belgique et *quatre-vingt-dix* en France.
octante en Suisse à la place de *quatre-vingts*.

    Septante pays   Soixante-dix pays
    Nonante-trois départements   Quatre-vingt-treize départements

Cent et un, *mille et un* sont employés pour indiquer une grande quantité.

    Cent et un dalmatiens
    Mille et une difficultés

CONJUGUER LES VERBES

CONJUGAISON

- La **conjugaison**, c'est l'ensemble de toutes les formes d'un verbe.
- Le **verbe** est un mot qui se conjugue.
- **Conjuguer** un verbe, c'est établir le répertoire des formes verbales en faisant varier la personne et le nombre, le mode et le temps.

    Avoir –   *J'ai. Tu as. Il a. Nous avons. Vous avez. Ils ont.*
               J'avais. Tu avais. Il avait…
               J'aurai. Tu auras…
               J'ai eu. Tu as eu…

RADICAL ET TERMINAISON

- Une forme verbale est composée d'un **radical** et d'une **terminaison**.

- La **terminaison** est la deuxième partie d'un verbe.
  Elle s'ajoute au radical.
  Elle change selon la personne et le nombre, le mode et le temps.

- Le **radical** est la première partie d'un verbe.
  Il s'obtient en enlevant la terminaison.
  Il indique la signification du verbe.
  Il peut parfois changer de forme.

    Nous parlons. Vous parlez.   – terminaisons :   *- ons, - ez*   (qui s'ajoutent au radical *parl-*)
                                       – radical :   *parl -*   (radical du verbe *parler*)

    Je viens. Tu viens. Il vient.   – terminaisons :   *- s, - s, - t*   (qui s'ajoutent au radical *vien-*)
                                      – radical :   *vien -*   (un des radicaux du verbe *venir*).

- La grande majorité des verbes n'utilisent qu'un seul radical dans la conjugaison.   Donner : *donn-*
  Certains verbes utilisent plusieurs radicaux.   Dormir : *dor-, dorm-*   Devoir : *doi-, dev-, doiv-, du-*

PERSONNES ET NOMBRE

- Les **personnes** et le **nombre** du verbe sont présentés par les pronoms de conjugaison (mais aussi par les terminaisons).

personnes :	nombre :	*singulier*	*pluriel*
- la **1ʳᵉ personne** (celle qui parle)		JE	NOUS
- la **2ᵉ personne** (celle à qui on parle)		TU	VOUS
- la **3ᵉ personne** (celle dont on parle)		IL, ELLE ON	ILS, ELLES

    <u>Elles</u> parl<u>ent</u>.   (Le pronom *elles* et la terminaison *-ent* sont les marques de la 3ᵉ pers. du pluriel.)

MODES

- L'**indicatif** présente ce qui est certain, probable.   *Nous viendrons ce soir.*
- L'**impératif** exprime un conseil, un ordre, un souhait.   *Venez avec vos copains.*
- Le **subjonctif** présente ce qui est possible, souhaitable.   *Qu'ils viennent ce soir.*

- Le **participe** (c'est le verbe sous la forme d'un adjectif).   *venant*
- L'**infinitif** (c'est la forme nominale du verbe).   *venir*

- Les **modes personnels** sont ceux où le verbe peut varier en personne : indicatif, impératif, subjonctif.

    Je lis. Lis. Qu'elles lisent.

- Les **modes impersonnels** sont ceux où le verbe ne varie pas en personne : participe, infinitif.

    Lisant. Lu. Lire.

TEMPS

- Pour parler du présent : *le présent*
- Pour parler du passé : *le passé composé, l'imparfait, le plus-que-parfait, le passé simple, le passé antérieur*
- Pour parler du futur : *le futur simple, le futur antérieur*

    Les temps les plus utilisés :
    le présent,
    l'imparfait, le passé composé,
    le futur simple, le conditionnel présent

TEMPS SIMPLES ET TEMPS COMPOSÉS

- Aux **temps simples**, les formes verbales sont écrites en un seul mot.

    J'ai. Tu es. Elle va. Nous marchions. Vous pourrez. Ils écriraient.
    Qu'il finisse.
    Finis. Finir…

- Aux **temps composés**, les formes verbales sont écrites en deux mots.

    J'ai eu. Tu as été. Elle est allée. Nous avions marché. Vous auriez pu. Ils auraient écrit.
    Qu'il ait fini.
    Aie fini. Avoir fini…

Pour former un temps composé, il faut conjuguer l'auxiliaire (*avoir* ou *être*) au temps simple correspondant et ajouter le participe passé du verbe.

TEMPS SIMPLE	TEMPS COMPOSÉ
Indicatif présent	Indicatif passé composé
Elle vend.	*Elle a vendu.*
	(auxiliaire *avoir* au présent + participe passé du verbe *vendre*)

Choix de l'auxiliaire dans les temps composés

Avoir et *être* sont des verbes **auxiliaires** quand ils servent à conjuguer d'autres verbes.

- **Quelques verbes** se conjuguent avec l'auxiliaire *être*.

    Aller, arriver, descendre, entrer, monter, mourir, naitre ♦*,*
    partir, passer, rester, retourner, sortir, tomber, venir…

    Je suis allé… J'étais sorti… Ils seront venus…

- Certains de ces verbes demandent l'auxiliaire *avoir* lorsqu'ils sont suivis d'un complément direct.

    monter : *J'ai monté cet escalier.*
    sortir : *J'ai sorti les poubelles.*

(i) Le verbe *être* sert aussi à construire des formes verbales passives. ▶ 125

   La course est gagnée par un Africain. (*est gagnée* : indic. présent passif)

	Temps simples		Temps composés
Indicatif présent	je parle	j'ai parlé	Indicatif passé composé
Indicatif imparfait	je parlais	j'avais parlé	Indicatif plus-que-parfait
Indicatif futur simple	je parlerai	j'aurai parlé	Indicatif futur antérieur
Indicatif conditionnel présent	je parlerais	j'aurais parlé	Indicatif conditionnel passé
Indicatif passé simple	je parlai	j'eus parlé	Indicatif passé antérieur
Subjonctif présent	(il faut) que je parle	que j'aie parlé	Subjonctif passé
Impératif présent	parle	aie parlé	Impératif passé
Participe présent	parlant	(ayant) parlé	Participe passé
Infinitif présent	parler	avoir parlé	Infinitif passé

VOIX

La voix peut être **active** ou **passive**.

- Une phrase à la voix active et cette phrase à la voix passive sont deux formes d'une même phrase.
- La **phrase passive** est une phrase transformée :
  - le sujet et le complément direct de la phrase active échangent leur place ;
  - le verbe de la phrase active est remplacé par le verbe *être*, conjugué au même mode et au même temps que le verbe de la phrase active, suivi du participe passé du verbe de la phrase active ;
  - la préposition *par* est ajoutée pour introduire le complément du verbe passif.

    Un pompier   a sauvé   un enfant.   (Le verbe est à la voix active)
    Un enfant   a été sauvé |par| un pompier.   (Le verbe est à la voix passive)

i Utiliser la voix passive permet de ne citer le responsable de l'action qu'en fin de phrase ou bien de ne pas le citer.

    Un enfant a été sauvé *par un pompier*.   Un enfant a été sauvé.

TABLEAU DES TERMINAISONS

TEMPS	VERBES	JE 1re pers. sing.	TU 2e pers. sing.	IL 3e pers. sing.	NOUS 1re pers. plur.	VOUS 2e pers. plur.	ILS 3e pers. plur.
Indic. présent	en -*er* en -*ir* autres	-e -is -s* -x	-es -is -s* -x	-e -it -t*	-ons -ons -ons	-ez -ez -ez	-ent -ent -ent
Indic. imparfait	tous	-ais	-ais	-ait	-ions	-iez	-aient
Indic. futur simple	tous	-rai	-ras	-ra	-rons	-rez	-ront
Indic. condit. présent	tous	-rais	-rais	-rait	-rions	-riez	-raient
Indic. passé simple	en -*er* en -*ir*, en -*re* autres, en -*re*	-ai -is -us	-as -is -us	-a -it -ut	-âmes -îmes -ûmes	-âtes -îtes -ûtes	-èrent -irent -urent
Subj. présent	tous	-e	-es	-e	-ions	-iez	-ent
Impér. présent	en -*er* en -*ir* autres	– – –	-e -is -s	– – –	-ons -ons -ons	-ez -ez -ez	– – –

Participe présent	tous	-ant
Participe passé	en -*er* autres	-é -i, -u, -s, -t
Infinitif présent		-er, -ir, -oir, -re

* La lettre finale de quelques formes verbales est la dernière lettre du radical : *il rend*, *il convainc*.

GROUPES DE VERBES

Les verbes de la conjugaison française peuvent être classés en trois groupes.

- 1er groupe : tous les verbes qui se terminent en -*er* (sauf *aller* et *envoyer*).

    Chanter, donner, jouer, marcher, parler…

- 2e groupe : tous les verbes qui se terminent en -*ir* (sauf *haïr*) et dont la 1re personne du pluriel de l'indicatif présent est en -***issons***, participe présent en -***issant***.

    Grandir, nous grandissons. Grandissant.

- 3e groupe : les autres verbes, y compris les verbes en -*ir* qui ne « grand**iss**ent » pas (s'y ajoutent *aller, envoyer* et *haïr*).

    Boire, nous buvons. Buvant.   *Pouvoir, nous pouvons. Pouvant.*   *Sortir, nous sortons. Sortant.*
    Aller, je vais, nous allons. Allant.   *Envoyer, j'envoie, nous envoyons. Envoyant.*

- Les **verbes personnels** se conjuguent aux différentes personnes.   *Je viens, tu viens, il vient…*
- Les **verbes impersonnels** ne se conjuguent qu'avec le pronom *il* qui ne désigne rien.   *Il pleut. Il faut le savoir.*
- Les **verbes pronominaux** sont conjugués avec un pronom de même personne que le sujet.   *Je me lave. Elles se lavent.*
Certains verbes ne se rencontrent que sous la forme pronominale.   *s'efforcer, se soucier…*
Certains verbes ont un sens passif : *se voir, se conduire, se vendre…*   *Ils se sont vus retirer leur permis.*

Avoir

INDICATIF

Présent

j'   ai
tu   as
il   a
nous   avons
vous   avez
ils   ont

Passé composé

j'   ai eu
tu   as eu
il   a eu
nous   avons eu
vous   avez eu
ils   ont eu

Imparfait

j'   avais
tu   avais
il   avait
nous   avions
vous   aviez
ils   avaient

Plus-que-parfait

j'   avais eu
tu   avais eu
il   avait eu
nous   avions eu
vous   aviez eu
ils   avaient eu

Passé simple

j'   eus
tu   eus
il   eut
nous   eûmes
vous   eûtes
ils   eurent

Passé antérieur

j'   eus eu
tu   eus eu
il   eut eu
nous   eûmes eu
vous   eûtes eu
ils   eurent eu

Futur simple

j'   aurai
tu   auras
il   aura
nous   aurons
vous   aurez
ils   auront

Futur antérieur

j'   aurai eu
tu   auras eu
il   aura eu
nous   aurons eu
vous   aurez eu
ils   auront eu

Conditionnel présent

j'   aurais
tu   aurais
il   aurait
nous   aurions
vous   auriez
ils   auraient

Conditionnel passé

j'   aurais eu
tu   aurais eu
il   aurait eu
nous   aurions eu
vous   auriez eu
ils   auraient eu

SUBJONCTIF

Présent

que j'   aie
que tu   aies
qu'il   ait
que nous   ayons
que vous   ayez
qu'ils   aient

Passé

que j'   aie eu
que tu   aies eu
qu'il   ait eu
que nous   ayons eu
que vous   ayez eu
qu'ils   aient eu

IMPÉRATIF

Présent

aie
ayons
ayez

Passé

aie eu
ayons eu
ayez eu

INFINITIF

Présent

avoir

Passé

avoir eu

PARTICIPE

Présent

ayant

Passé

(ayant) eu

Être

INDICATIF

Présent

je	suis
tu	es
il	est
nous	sommes
vous	êtes
ils	sont

Passé composé

j'	ai été
tu	as été
il	a été
nous	avons été
vous	avez été
ils	ont été

Imparfait

j'	étais
tu	étais
il	était
nous	étions
vous	étiez
ils	étaient

Plus-que-parfait

j'	avais été
tu	avais été
il	avait été
nous	avions été
vous	aviez été
ils	avaient été

Passé simple

je	fus
tu	fus
il	fut
nous	fûmes
vous	fûtes
ils	furent

Passé antérieur

j'	eus été
tu	eus été
il	eut été
nous	eûmes été
vous	eûtes été
ils	eurent été

Futur simple

je	serai
tu	seras
il	sera
nous	serons
vous	serez
ils	seront

Futur antérieur

j'	aurai été
tu	auras été
il	aura été
nous	aurons été
vous	aurez été
ils	auront été

Conditionnel présent

je	serais
tu	serais
il	serait
nous	serions
vous	seriez
ils	seraient

Conditionnel passé

j'	aurais été
tu	aurais été
il	aurait été
nous	aurions été
vous	auriez été
ils	auraient été

SUBJONCTIF

Présent

que je	sois
que tu	sois
qu'il	soit
que nous	soyons
que vous	soyez
qu'ils	soient

Passé

que j'	aie été
que tu	aies été
qu'il	ait été
que nous	ayons été
que vous	ayez été
qu'ils	aient été

IMPÉRATIF

Présent

sois
soyons
soyez

Passé

aie été
ayons été
ayez été

INFINITIF

Présent

être

Passé

avoir été

PARTICIPE

Présent

étant

Passé

(ayant) été

Parler

INDICATIF

Présent

je	parle
tu	parles
il	parle
nous	parlons
vous	parlez
ils	parlent

Passé composé

j'	ai parlé
tu	as parlé
il	a parlé
nous	avons parlé
vous	avez parlé
ils	ont parlé

Imparfait

je	parlais
tu	parlais
il	parlait
nous	parlions
vous	parliez
ils	parlaient

Plus-que-parfait

j'	avais parlé
tu	avais parlé
il	avait parlé
nous	avions parlé
vous	aviez parlé
ils	avaient parlé

Passé simple

je	parlai
tu	parlas
il	parla
nous	parlâmes
vous	parlâtes
ils	parlèrent

Passé antérieur

j'	eus parlé
tu	eus parlé
il	eut parlé
nous	eûmes parlé
vous	eûtes parlé
ils	eurent parlé

Futur simple

je	parlerai
tu	parleras
il	parlera
nous	parlerons
vous	parlerez
ils	parleront

Futur antérieur

j'	aurai parlé
tu	auras parlé
il	aura parlé
nous	aurons parlé
vous	aurez parlé
ils	auront parlé

Conditionnel présent

je	parlerais
tu	parlerais
il	parlerait
nous	parlerions
vous	parleriez
ils	parleraient

Conditionnel passé

j'	aurais parlé
tu	aurais parlé
il	aurait parlé
nous	aurions parlé
vous	auriez parlé
ils	auraient parlé

SUBJONCTIF

Présent

que je	parle
que tu	parles
qu'il	parle
que nous	parlions
que vous	parliez
qu'ils	parlent

Passé

que j'	aie parlé
que tu	aies parlé
qu'il	ait parlé
que nous	ayons parlé
que vous	ayez parlé
qu'ils	aient parlé

IMPÉRATIF

Présent	Passé
parle	aie parlé
parlons	ayons parlé
parlez	ayez parlé

INFINITIF

Présent	Passé
parler	avoir parlé

PARTICIPE

Présent	Passé
parlant	(ayant) parlé

Finir

INDICATIF

Présent

je	finis
tu	finis
il	finit
nous	finissons
vous	finissez
ils	finissent

Passé composé

j'	ai fini
tu	as fini
il	a fini
nous	avons fini
vous	avez fini
ils	ont fini

Imparfait

je	finissais
tu	finissais
il	finissait
nous	finissions
vous	finissiez
ils	finissaient

Plus-que-parfait

j'	avais fini
tu	avais fini
il	avait fini
nous	avions fini
vous	aviez fini
ils	avaient fini

Passé simple

je	finis
tu	finis
il	finit
nous	finîmes
vous	finîtes
ils	finirent

Passé antérieur

j'	eus fini
tu	eus fini
il	eut fini
nous	eûmes fini
vous	eûtes fini
ils	eurent fini

Futur simple

je	finirai
tu	finiras
il	finira
nous	finirons
vous	finirez
ils	finiront

Futur antérieur

j'	aurai fini
tu	auras fini
il	aura fini
nous	aurons fini
vous	aurez fini
ils	auront fini

Conditionnel présent

je	finirais
tu	finirais
il	finirait
nous	finirions
vous	finiriez
ils	finiraient

Conditionnel passé

j'	aurais fini
tu	aurais fini
il	aurait fini
nous	aurions fini
vous	auriez fini
ils	auraient fini

SUBJONCTIF

Présent

que je	finisse
que tu	finisses
qu'il	finisse
que nous	finissions
que vous	finissiez
qu'ils	finissent

Passé

que j'	aie fini
que tu	aies fini
qu'il	ait fini
que nous	ayons fini
que vous	ayez fini
qu'ils	aient fini

IMPÉRATIF

Présent

finis
finissons
finissez

Passé

aie fini
ayons fini
ayez fini

INFINITIF

Présent

finir

Passé

avoir fini

PARTICIPE

Présent

finissant

Passé

(ayant) fini

INDICATIF PRÉSENT

1er groupe		2e groupe		3e groupe	
parler		finir		lire	
Je	parl-e	Je	fin-is	Je	li-s
Tu	parl-es	Tu	fin-is	Tu	li-s
Il	parl-e	Il	fin-it	Il	li-t
Nous	parl-ons	Nous	finiss-ons	Nous	lis-ons
Vous	parl-ez	Vous	finiss-ez	Vous	lis-ez
Ils	parl-ent	Ils	finiss-ent	Ils	lis-ent

Terminaisons

-e -is -s
-es -is -s
-e -it -t
-ons
-ez
-ent

-x, -tes

- *Je peux, tu veux, je vaux*
  Tu peux, tu veux, tu vaux

  Pouvoir, vouloir et valoir : la terminaison de la 1re et de la 2e pers. sing. de l'indicatif présent est **-x**.

- *Vous êtes, vous faites, vous dites*

  Être, faire et dire : la terminaison de la 2e pers. plur. de l'indicatif présent est **–tes**.

→ Connaitre la conjugaison à l'indicatif présent est indispensable pour former les autres temps.

La plupart des verbes ont un seul radical à l'indicatif présent.

Certains verbes utilisent plusieurs radicaux à l'indicatif présent :
appeler : *appell-*, *appel-*
venir : *vien-*, *ven-*, *vienn-*

Les radicaux de l'indicatif présent servent à former la majorité des autres formes verbales.

Quelques verbes ont des formes particulières à l'indicatif présent

aller	je vais, tu vas, il va, nous allons, vous allez, ils vont
avoir	j'ai, tu as, il a, nous avons, vous avez, ils ont
être	je suis, tu es, il est, nous sommes, vous êtes, ils sont
faire	je fais, tu fais, il fait, nous faisons, vous faites, ils font
dire	je dis, tu dis, il dit, nous disons, vous dites, ils disent
pouvoir	je peux (ou je puis), tu peux, il peut, nous pouvons, vous pouvez, ils peuvent
vouloir	je veux, tu veux, il veut, nous voulons, vous voulez, ils veulent
valoir	je vaux, tu vaux, il vaut, nous valons, vous valez, ils valent
falloir	il faut
devoir	je dois, tu dois, il doit, nous devons, vous devez, ils doivent
savoir	je sais, tu sais, il sait, nous savons, vous savez, ils savent
tenir	je tiens, tu tiens, il tient, nous tenons, vous tenez, ils tiennent
venir	je viens, tu viens, il vient, nous venons, vous venez, ils viennent
(con)vaincre	je (con)vainc, tu (con)vaincs, il (con)vainc, nous (con)vainquons, vous (con)vainquez, ils (con)vainquent
haïr	je hais, tu hais, il hait, nous haïssons, vous haïssez, ils haïssent

INDICATIF PASSÉ COMPOSÉ

(avec l'auxiliaire *avoir*)			(avec l'auxiliaire *être*)		
manger			partir		
J'	ai	mang-é	Je	suis	part-i(e)
Tu	as	mang-é	Tu	es	part-i(e)
Il (elle)	a	mang-é	Il (elle)	est	part-i(e)
Nous	avons	mang-é	Nous	sommes	part-i(e)s
Vous	avez	mang-é	Vous	êtes	part-i(e)s
Ils (elles)	ont	mang-é	Ils (elles)	sont	part-i(e)s

→ **Construction de l'indicatif passé composé**

AUXILIAIRE À L'INDICATIF PRÉSENT + PARTICIPE PASSÉ

- Pour choisir l'auxiliaire qui convient ▶ 124
- Pour accorder correctement le participe passé ▶ 116

INDICATIF IMPARFAIT

1er groupe		2e groupe		3e groupe	
parler		finir		lire	
Je	**parl**-ais	Je	**finiss**-ais	Je	**lis**-ais
Tu	**parl**-ais	Tu	**finiss**-ais	Tu	**lis**-ais
Il	**parl**-ait	Il	**finiss**-ait	Il	**lis**-ait
Nous	**parl**-ions	Nous	**finiss**-ions	Nous	**lis**-ions
Vous	**parl**-iez	Vous	**finiss**-iez	Vous	**lis**-iez
Ils	**parl**-aient	Ils	**finiss**-aient	Ils	**lis**-aient

Terminaisons

-ais
-ais
-ait
-ions
-iez
-aient

-i-ions/-y-ions, -i-iez/-y-iez

- *Nous envoyions.
Nous criions. Nous voyions.
Vous sciiez. Vous payiez.*

Ne pas oublier le *-i* des terminaisons *-ions* ou *-iez* après le *-i* ou le *-y* qui termine le radical.

→ **Construction de l'indicatif imparfait**

RADICAL DE LA 1re PERS. PLUR. INDICATIF PRÉSENT + MARQUES -AIS, -AIS, -AIT, -IONS, -IEZ, -AIENT

Un verbe avec radical propre	
être	j'étais, tu étais, il était, nous étions, vous étiez, ils étaient

INDICATIF PLUS-QUE-PARFAIT

(avec l'auxiliaire *avoir*)			(avec l'auxiliaire *être*)		
manger			partir		
J'	**avais**	mang-é	J'	**étais**	part-i(e)
Tu	**avais**	mang-é	Tu	**étais**	part-i(e)
Il (elle)	**avait**	mang-é	Il (elle)	**était**	part-i(e)
Nous	**avions**	mang-é	Nous	**étions**	part-i(e)s
Vous	**aviez**	mang-é	Vous	**étiez**	part-i(e)s
Ils (elles)	**avaient**	mang-é	Ils (elles)	**étaient**	part-i(e)s

→ **Construction de l'indicatif plus-que-parfait**

AUXILIAIRE À L'INDICATIF IMPARFAIT + PARTICIPE PASSÉ

- Pour choisir l'auxiliaire qui convient ▶ 124
- Pour accorder correctement le participe passé ▶ 116

Je m'étais bien dit que ce n'était pas moi !

INDICATIF PASSÉ SIMPLE

1er groupe		2e groupe		3e groupe	
parler		**finir**		**lire**	
Je	parl-ai	Je	fin-is	Je	lus
Tu	parl-as	Tu	fin-is	Tu	lus
Il	parl-a	Il	fin-it	Il	lut
Nous	parl-âmes	Nous	fin-îmes	Nous	lûmes
Vous	parl-âtes	Vous	fin-îtes	Vous	lûtes
Ils	parl-èrent	Ils	fin-irent	Ils	lurent

Terminaisons

-ai	-is	-us
-as	-is	-us
-a	-it	-ut
-âmes	-îmes	-ûmes
-âtes	-îtes	-ûtes
-èrent	-irent	-urent

→ **Construction de l'indicatif passé simple**

-verbes du 1er et du 2e groupe
RADICAL DE LA 1re PERS. SING. INDICATIF PRÉSENT + MARQUES EN -A ET EN -I

-verbes du 3e groupe
RADICAL PROPRE + MARQUES EN -U, (EN -I)
RADICAL DE LA 1re PERS. PLUR. INDICATIF PRÉSENT + MARQUES EN -U, (EN -I)

- *Nous tînmes*
  Vous parvîntes

  Tenir, venir (et composés *devenir, intervenir, revenir, (se) souvenir…*) prennent l'accent circonflexe sur le *i* du radical : *- în-mes, - în-tes*

Quelques verbes ont des formes particulières à l'indicatif passé simple

avoir	j'eus… il eut… ils eurent	mourir	je mourus… il mourut… ils moururent
être	je fus… il fut… ils furent	peindre	je peignis… il peignit… ils peignirent
faire	je fis… il fit… ils firent	plaire	je plus… il plut… ils plurent
		pleuvoir	il plut
apercevoir	j'aperçus… il aperçut… ils aperçurent	pouvoir	je pus… il put… ils purent
boire	je bus… il but… ils burent	prendre	je pris… il prit… ils prirent
conduire	je conduisis… il conduisit… ils conduisirent	recevoir	je reçus… il reçut… ils reçurent
connaitre ♦	je connus… il connut… ils connurent	résoudre	je résolus… il résolut… ils résolurent
coudre	je cousis… il cousit… ils cousirent	savoir	je sus… il sut… ils surent
courir	je courus… il courut… ils coururent	(se) souvenir	je me souvins… il se souvint… ils se souvinrent
craindre	je craignis… il craignit… ils craignirent	suivre	je suivis… il suivit… ils suivirent
croire	je crus… il crut… ils crurent	tenir	je tins… il tint… ils tinrent
croitre ♦	je crûs… il crût… ils crûrent	vaincre	je vainquis… il vainquit… ils vainquirent
devoir	je dus… il dut… ils durent	valoir	je valus… il valut… ils valurent
dire	je dis… il dit…ils disent	vendre	je vendis… il vendit… ils vendirent
écrire	j'écrivis… il écrivit… ils écrivirent	venir	je vins… il vint… ils vinrent
falloir	il fallut	vivre	je vécus… il vécut… ils vécurent
haïr	je haïs… il haït… ils haïrent	voir	je vis… il vit… ils virent
joindre	je joignis… il joignit… ils joignirent	vouloir	je voulus… il voulut… ils voulurent
moudre	je moulus…il moulut… ils moulurent		

INDICATIF PASSÉ ANTÉRIEUR

(avec l'auxiliaire *avoir*)			(avec l'auxiliaire *être*)		
manger			**partir**		
J'	eus	mang-é	Je	fus	part-i(e)
Tu	eus	mang-é	Tu	fus	part-i(e)
Il (elle)	eut	mang-é	Il (elle)	fut	part-i(e)
Nous	eûmes	mang-é	Nous	fûmes	part-i(e)s
Vous	eûtes	mang-é	Vous	fûtes	part-i(e)s
Ils (elles)	eurent	mang-é	Ils (elles)	furent	part-i(e)s

→ **Construction de l'indicatif passé antérieur**

AUXILIAIRE À L'INDICATIF PASSÉ SIMPLE + PARTICIPE PASSÉ

- Pour choisir l'auxiliaire qui convient ▶ 124
- Pour accorder correctement le participe passé ▶ 116

INDICATIF FUTUR SIMPLE

1er groupe		2e groupe		3e groupe		Terminaisons
parler		finir		lire		
Je	parl-e-rai	Je	fin-i-rai	Je	li-rai	-r ai
Tu	parl-e-ras	Tu	fin-i-ras	Tu	li-ras	-r as
Il	parl-e-ra	Il	fin-i-ra	Il	li-ra	-r a
Nous	parl-e-rons	Nous	fin-i-rons	Nous	li-rons	-r ons
Vous	parl-e-rez	Vous	fin-i-rez	Vous	li-rez	-r ez
Ils	parl-e-ront	Ils	fin-i-ront	Ils	li-ront	-r ont

-r

➔ **Construction de l'indicatif futur simple**

-verbes du 1er groupe
RADICAL DE LA 1re PERS. SING. INDICATIF PRÉSENT + e + R + MARQUES DU PRÉSENT -AI, -AS, -A, -ONS, -EZ, -ONT

-verbes du 2e groupe
RADICAL DE LA 1re PERS. SING. INDICATIF PRÉSENT + i + R + MARQUES DU PRÉSENT -AI, -AS, -A, -ONS, -EZ, -ONT

-verbes du 3e groupe
RADICAL DE LA 1re PERS. SING. INDICATIF PRÉSENT + R + MARQUES DU PRÉSENT -AI, -AS, -A, -ONS, -EZ, -ONT

NOTE – On dit parfois que « le futur simple est construit sur l'infinitif présent », mais beaucoup de verbes du 3e groupe ont des formes particulières au futur simple.

- L'indice du futur simple est le **r** (comme au condit. présent).

  Les marques du futur simple sont celles du verbe *avoir* à l'indicatif présent.

- *J'acquerrai, tu courras, il enverra, nous mourrons, vous pourrez, elles verront*
  2 r : le premier **r** est celui du radical et le second **r** est la marque des terminaisons du futur.

Quelques verbes ont des formes particulières à l'indicatif futur simple	
aller	j'irai, tu iras, il ira, nous irons, vous irez, ils iront
avoir	j'aurai, tu auras, il aura, nous aurons, vous aurez, ils auront
être	je serai, tu seras, il sera, nous serons, vous serez, ils seront
faire	je ferai, tu feras, il fera, nous ferons, vous ferez, ils feront
envoyer	j'enverrai, tu enverras, il enverra, nous enverrons, vous enverrez, ils enverront
tenir	je tiendrai, tu tiendras, il tiendra, nous tiendrons, vous tiendrez, ils tiendront
venir	je viendrai, tu viendras, il viendra, nous viendrons, vous viendrez, ils viendront
cueillir	je cueillerai, tu cueilleras, il cueillera, nous cueillerons, vous cueillerez, ils cueilleront
devoir	je devrai, tu devras, il devra, nous devrons, vous devrez, ils devront
recevoir	je recevrai, tu recevras, il recevra, nous recevrons, vous recevrez, ils recevront
pouvoir	je pourrai, tu pourras, il pourra, nous pourrons, vous pourrez, ils pourront
voir	je verrai, tu verras, il verra, nous verrons, vous verrez, ils verront
savoir	je saurai, tu sauras, il saura, nous saurons, vous saurez, ils sauront
vouloir	je voudrai, tu voudras, il voudra, nous voudrons, vous voudrez, ils voudront
valoir	je vaudrai, tu vaudras, il vaudra, nous vaudrons, vous vaudrez, ils vaudront

INDICATIF FUTUR ANTÉRIEUR

(avec l'auxiliaire *avoir*)			(avec l'auxiliaire *être*)		
manger			partir		
J'	aurai	mang-é	Je	serai	part-i(e)
Tu	auras	mang-é	Tu	seras	part-i(e)
Il (elle)	aura	mang-é	Il (elle)	sera	part-i(e)
Nous	aurons	mang-é	Nous	serons	part-i(e)s
Vous	aurez	mang-é	Vous	serez	part-i(e)s
Ils (elles)	auront	mang-é	Ils (elles)	seront	part-i(e)s

➔ **Construction de l'indicatif futur antérieur**

AUXILIAIRE À L'INDICATIF FUTUR SIMPLE + PARTICIPE PASSÉ

- Pour choisir l'auxiliaire qui convient ▶ 124
- Pour accorder correctement le participe passé ▶ 116

INDICATIF CONDITIONNEL PRÉSENT

1ᵉʳ groupe		2ᵉ groupe		3ᵉ groupe	
parler		finir		lire	
Je	parl-e-rais	Je	fin-i-rais	Je	li-rais
Tu	parl-e-rais	Tu	fin-i-rais	Tu	li-rais
Il	parl-e-rait	Il	fin-i-rait	Il	li-rait
Nous	parl-e-rions	Nous	fin-i-rions	Nous	li-rions
Vous	parl-e-riez	Vous	fin-i-riez	Vous	li-riez
Ils	parl-e-raient	Ils	fin-i-raient	Ils	li-raient

Terminaisons

-r ais
-r ais
-r ait
-r ions
-r iez
-r aient

-r

→ **Construction de l'indicatif conditionnel présent**

   -verbes des 1ᵉʳ, 2ᵉ et 3ᵉ groupes
   LA BASE DE LA FORMATION EST LA MÊME QUE CELLE DE L'INDICATIF FUTUR SIMPLE

   RADICAL DE LA 1ʳᵉ PERS. SING. INDICATIF PRÉSENT + R + MARQUES DE L'IMPARFAIT -AIS, -AIS, -AIT, -IONS, -IEZ, -AIENT.

- L'indice du conditionnel présent est le **r** (comme au futur simple).

- *J'acquerrais, tu courrais, il enverrait, nous mourrions, vous pourriez, elles verraient*
  2 r : le premier **r** est celui du radical et le second **r** est la marque des terminaisons du condit. présent.

Quelques verbes ont des formes particulières au conditionnel présent

aller	j'irais, tu irais, il irait, nous irions, vous iriez, ils iraient
avoir	j'aurais, tu aurais, il aurait, nous aurions, vous auriez, ils auraient
être	je serais, tu serais, il serait, nous serions, vous seriez, ils seraient
faire	je ferais, tu ferais, il ferait, nous ferions, vous feriez, ils feraient
envoyer	j'enverrais, tu enverrais, il enverrait, nous enverrions, vous enverriez, ils enverraient
venir	je viendrais, tu viendrais, il viendrait, nous viendrions, vous viendriez, ils viendraient
tenir	je tiendrais, tu tiendrais, il tiendrait, nous tiendrions, vous tiendriez, ils tiendraient
cueillir	je cueillerai, tu cueilleras, il cueillera, nous cueillerons, vous cueillerez, ils cueilleront
devoir	je devrais, tu devrais, il devrait, nous devrions, vous devriez, ils devraient
recevoir	je recevrais, tu recevrais, il recevrait, nous recevrions, vous recevriez, ils recevraient
pouvoir	je pourrais, tu pourrais, il pourrait, nous pourrions, vous pourriez, ils pourraient
voir	je verrais, tu verrais, il verrait, nous verrions, vous verriez, ils verraient
savoir	je saurais, tu saurais, il saurait, nous saurions, vous sauriez, ils sauraient
vouloir	je voudrais, tu voudrais, il voudrait, nous voudrions, vous voudriez, ils voudraient
valoir	je vaudrais, tu vaudrais, il vaudrait, nous vaudrions, vous vaudriez, ils vaudraient

INDICATIF CONDITIONNEL PASSÉ

(avec l'auxiliaire *avoir*)			(avec l'auxiliaire *être*)		
manger			partir		
J'	aurais	mang-é	Je	serais	part-i(e)
Tu	aurais	mang-é	Tu	serais	part-i(e)
Il (elle)	aurait	mang-é	Il (elle)	serait	part-i(e)
Nous	aurions	mang-é	Nous	serions	part-i(e)s
Vous	auriez	mang-é	Vous	seriez	part-i(e)s
Ils (elles)	auraient	mang-é	Ils (elles)	seraient	part-i(e)s

→ **Construction de l'indicatif conditionnel passé**

   AUXILIAIRE À L'INDICATIF CONDITIONNEL PRÉSENT + PARTICIPE PASSÉ

- Pour choisir l'auxiliaire qui convient ▶ 124
- Pour accorder correctement le participe passé ▶ 116

SUBJONCTIF PRÉSENT

1er groupe	2e groupe	3e groupe
parler	**finir**	**lire**
Que je **parl**-e	Que je **finiss**-e	Que je **lis**-e
Que tu **parl**-es	Que tu **finiss**-es	Que tu **lis**-es
Qu'il **parl**-e	Qu'il **finiss**-e	Qu'il **lis**-e
Que nous **parl**-ions	Que nous **finiss**-ions	Que nous **lis**-ions
Que vous **parl**-iez	Que vous **finiss**-iez	Que vous **lis**-iez
Qu'ils **parl**-ent	Qu'ils **finiss**-ent	Qu'ils **lis**-ent

Terminaisons

-e
-es
-e
-ions
-iez
-ent

➜ **Construction du subjonctif présent**

1re, 2e et 3e pers. sing. et 3e pers. plur.
RADICAL DE LA 1re PERS. PLUR. INDICATIF PRÉSENT + MARQUES -E, -ES, -E, -ENT

1re et 2e pers. plur.
RADICAL DE LA 1re PERS. PLUR. INDICATIF PRÉSENT + MARQUES -IONS, -IEZ

- *Que nous envoyions*
  Que nous voyions
  Que vous payiez
  Que vous essuyiez
  Que nous criions
  Que vous sciiez

  Ne pas oublier le *-i* des terminaisons *-ions* ou *-iez* après le *-y* ou le *-i* qui termine le radical.

Quelques verbes ont des formes particulières au subjonctif présent

aller	que j'aille, que tu ailles, qu'il aille, que nous allions, que vous alliez, qu'ils aillent
avoir	que j'aie, que tu aies, qu'il ait, que nous ayons, que vous ayez, qu'ils aient
être	que je sois, que tu sois, qu'il soit, que nous soyons, que vous soyez, qu'ils soient
faire	que je fasse, que tu fasses, qu'il fasse, que nous fassions, que vous fassiez, qu'ils fassent
pouvoir	que je puisse, que tu puisses, qu'il puisse, que nous puissions, que vous puissiez, qu'ils puissent
vouloir	que je veuille, que tu veuilles, qu'il veuille, que nous voulions, que vous vouliez, qu'ils veuillent
savoir	que je sache, que tu saches, qu'il sache, que nous sachions, que vous sachiez, qu'ils sachent
valoir	que je vaille, que tu vailles, qu'il vaille, que nous valions, que vous valiez, qu'ils vaillent
falloir	qu'il faille

SUBJONCTIF PASSÉ

(avec l'auxiliaire *avoir*)			(avec l'auxiliaire *être*)		
manger			**partir**		
Que j'	**aie**	mang-é	Que je	**sois**	part-i(e)
Que tu	**aies**	mang-é	Que tu	**sois**	part-i(e)
Qu'il (elle)	**ait**	mang-é	Qu'il (elle)	**soit**	part-i(e)
Que nous	**ayons**	mang-é	Que nous	**soyons**	part-i(e)s
Que vous	**ayez**	mang-é	Que vous	**soyez**	part-i(e)s
Qu'ils (elles)	**aient**	mang-é	Qu'ils (elles)	**soient**	part-i(e)s

➜ **Construction du subjonctif passé**

AUXILIAIRE AU SUBJONCTIF PRÉSENT + PARTICIPE PASSÉ

- Pour choisir l'auxiliaire qui convient ▶ 124
- Pour accorder correctement le participe passé ▶ 116

IMPÉRATIF PRÉSENT

1ᵉʳ groupe	2ᵉ groupe	3ᵉ groupe
parler	finir	lire
parl-e	fin-is	li-s
parl-ons	finiss-ons	lis-ons
parl-ez	finiss-ez	lis-ez

Terminaisons

-e -is -s
-ons
-ez

→ **Construction de l'impératif présent**

- 2ᵉ pers. sing.
RADICAL DE LA 2ᵉ PERS. SING. INDICATIF PRÉSENT + TERMINAISON

- 1ʳᵉ et 2ᵉ pers. plur.
RADICAL DE LA 1ʳᵉ PERS. PLUR. INDICATIF PRÉSENT + TERMINAISONS

- *Parle. Cueille. Offre.*
- *Parles-en. Cueilles-en. Penses-y.*
  Verbes en -er + *cueillir, offrir* :
  2ᵉ pers. sing. en -e

- Quand un des pronoms *en* ou *y* suit le verbe, on ajoute un -s de liaison.

  Vas-y !
  Mais on écrit *Va-t'en !* (verbe *aller*)
  Donne-m'en.

- *Dis-moi. Lis-le-nous.*
  Ne pas oublier le trait d'union entre le verbe à l'impératif présent et les pronoms qui suivent.

Quelques verbes ont des formes particulières à l'impératif présent

aller	va, allons, allez
avoir	aie, ayons, ayez
être	sois, soyons, soyez
haïr	hais, haïssons, haïssez
savoir	sache, sachons, sachez
vouloir	veuille (veux), voulons, veuillez (voulez)
s'asseoir ♦	assieds-toi (assois-toi), asseyons-nous (assoyons-nous), asseyez-vous (assoyez-vous)

IMPÉRATIF PASSÉ

(avec l'auxiliaire *avoir*)	(avec l'auxiliaire *être*)
manger	partir
aie mang-é	sois part-i(e)
ayons mang-é	soyons part-i(e)s
ayez mang-é	soyez part-i(e)s

→ **Construction de l'impératif passé**

AUXILIAIRE À L'IMPÉRATIF PRÉSENT + PARTICIPE PASSÉ

- Pour choisir l'auxiliaire qui convient ▶ 124
- Pour accorder correctement le participe passé ▶ 116

INFINITIF PRÉSENT

1er groupe	2e groupe	3e groupe
parler	finir	tenir, lire, recevoir…
parl-er	fin-ir	ten-ir, li-re, recev-oir…

Terminaisons

➜ Forme nominale du verbe (en *-er*, *-ir*, *-re*, *-oir*)

L'infinitif passé : *avoir* ou *être* suivi du participe passé.

PARTICIPE PRÉSENT

1er groupe	2e groupe	3e groupe
parler	finir	lire
parl-ant	finiss-ant	lis-ant

Terminaisons

-ant

➜ Construction du participe présent

RADICAL DE LA 1re PERS. PLUR. INDICATIF PRÉSENT + TERMINAISON

PARTICIPE PASSÉ

1er groupe	2e groupe	3e groupe
parler	finir	tenir, mettre, dire
parl-é	fin-i	tenu, mis, dit

Terminaisons

-é -i -u -s -t

➜ Construction du participe passé

RADICAL DE LA 1re PERS. SING. INDICATIF PRÉSENT + TERMINAISON	RADICAL PROPRE

Quelques verbes ont des formes particulières au participe

avoir	ayant	être	étant	savoir	sachant
avoir	eu	boire	bu	mettre	mis
être	été	taire	tu		
		connaitre ♦	connu	assoir ♦	assis
devoir	dû	coudre	cousu	prendre	pris
croire	cru	courir	couru	résoudre	résolu (1)
croitre ♦	crû	pouvoir	pu	moudre	moulu
recevoir	reçu	voir	vu	fuir	fui
		savoir	su	craindre	craint
		plaire	plu	faire	fait
		pleuvoir	plu	écrire	écrit
		vivre	vécu	peindre	peint
		venir	venu	joindre	joint
		vouloir	voulu	mourir	mort
		recevoir	reçu	ouvrir	ouvert

(1) Le problème est <u>résolu</u>. (= a trouvé une solution) - Le nuage s'est <u>résout</u> ◊ en pluie. (= s'est transformé)

◊ En suivant l'orthographe traditionnelle : *résous, résoute.*

◊ En suivant l'orthographe traditionnelle : *asseoir, croître, connaître.*

Remarques sur la conjugaison des verbes en -er

-cer	commencer	ç devant a et o	Je commençais Nous commençons
-ger	manger	-e après le g devant a et o	Tu mangeais Nous mangeons
-yer	employer essuyer payer	y remplacé par i devant e muet Les verbes en -ayer peuvent garder le y devant un e muet.	Il emploie Elle essuiera Elle paye (elle paie)
-eler -eter	renouveler étiqueter appeler jeter	accent grave sur le e qui est devant le l ou le t ♦, sauf appeler, interpeler ♦, rappeler, jeter et ses composés qui doublent le l ou le t devant e muet (1)	Je renouvèle Tu étiquètes Il appellera Il jette
-é.er	espérer préférer	é remplacé par un è devant une syllabe finale muette ♦ même au futur simple et au conditionnel présent (2)	Tu préfères Nous préférerons
-e.er	achever se promener	e remplacé par un è devant une syllabe muette, même si elle n'est pas finale	Tu achèves Tu te promènes Nous achèverons
-ier	crier	deux i aux deux premières personnes du pluriel de l'indicatif imparfait et du subjonctif présent (le i du radical et le i de la terminaison)	Nous criions Que vous criiez
-guer -quer	dialoguer expliquer	u du radical présent dans toute la conjugaison	Tu dialogues Tu expliques

(1) Orthographe traditionnelle des verbes en -eler, -eter :
- la plupart des verbes en -eler /-eter doublent le l ou le t devant e muet ;
- les verbes en -eler/-eter suivants s'écrivent avec un accent grave sur le e précédant le l ou le t devant un e muet :
celer, ciseler, congeler, déceler, décongeler, dégeler, démanteler, écarteler, geler, marteler, modeler, peler, receler, remodeler, surgeler ;
acheter, corseter, crocheter, fileter, fureter, haleter, racheter.
   je renouvelle tu étiquettes
   il gèle il achètera

◊ (2) Orthographe traditionnelle des verbes en é.er : on ne remplace jamais é par è.
   nous préférerons

Remarques sur la conjugaison d'autres verbes

-dre	moudre vendre	le radical est terminé par -d	Je mouds, tu mouds, il moud Je vends, tu vends, il vend
-indre	craindre	le -d du radical n'est gardé qu'au futur simple et au condit. présent	Je craindrai Je craindrais Je crains, tu crains, il craint Je craignais Je craignis
-soudre	absoudre dissoudre	le -d du radical n'est gardé qu'au futur simple et au condit. présent	J'absoudrai Absout ♦ Tu dissous Dissout ♦ Il dissout
-cre	vaincre convaincre	3ᵉ pers. sing. indic. présent sans -t plur. indic. présent, indic. imparfait, impér. présent, subj. présent en -qu	Il vainc, il convainc Tu convaincs Nous convainquons
-cevoir	apercevoir percevoir recevoir…	ç devant o et u	J'aperçois Il perçoit Reçu
-oitre	croitre ♦	accent circonflexe sur le i chaque fois que la forme verbale est la même que celle du verbe croire	Je crois, tu crois, il croît Crû

◊ Orthographe traditionnelle du participe passé masc. sing. de absoudre, dissoudre, résoudre et orthographe des verbes en -aître et -oître :
- Absoudre – absous, absoute Dissoudre – dissous, dissoute Résoudre – résous, résoute
- Les verbes en -aître (connaître, naître, paraître et composés) et -oître (accroître, décroître) ont un accent circonflexe sur le i chaque fois que le i est devant un t.
   Il connaît, elles paraîtront. On accroît, il décroîtra.

INDEX

Les chiffres renvoient aux pages.

> En MAJUSCULES les finales des mots ou les mots du fichier.
> En minuscules droites les mots cités.
> En *minuscules italiques* les termes de grammaire.
>
> ⇨ indique un renvoi à l'intérieur de l'index
> ♦ indique une orthographe rectifiée (1990)

A (IL), AS (TU), À 94
-A, -AS, -ATS, -AT 10
à demi 47
absoudre 138
absout ♦, absoute (⇨ absoudre) 138
accord 115, 116, 117, 120
    – *adjectif* 117
    – *adjectif verbal* 120
    – *participe passé* 116
    – *verbe* 115
adjectif (féminin) 118
adjectif composé (pluriel) 119
adjectif de couleur (accord) 117
adjectif de nationalité 117
adjectif verbal (⇨ *participe présent*) 120
adverbe en -ment 121
AI (J') ⇨ -ER ⇨ -EZ ⇨ -É, -ÉS, -ÉE, -ÉES 28
AIE (QUE J'), AIES (QUE TU),
    AIT (QU'IL), AIENT (QU'ILS) 30
aïeux, aïeuls, aïeul 23
aigüe ♦, aigu 114, 118
ails, aulx, ail 14
-AIL, -AILS ; -AILLE , -AILLES , -AILLENT 14
AILLE (QUE J'/IL), AILLES (QUE TU),
    AILLENT (QU'ILS) 14
-AINC, -AINCS ⇨ -AINS, -AINT ⇨ -EINS, -EINT ⇨
    -INS, -INT 55
-AINS, -AINT ⇨ -AINC, -AINCS ⇨ -EINS, -EINT ⇨
    -INS, -INT 55
-AIS, -AIT ⇨ -ET, -ETS ; -ÊT, -ÊTS ⇨ ES (TU),
    EST (IL) 29

-AL, -ALE, -ALES, -ALENT 11
-ALLE , -ALLES , -ALLENT 11
aller 130, 133-136
alphabet phonétique 9
ambigüe ♦, ambigu 114, 118
-ÂMES ⇨ -ÎMES, -ÎMES ⇨ -ÛMES ⇨ -MES 59
-ANE, -ANES, -ANENT ; -ANNE, -ANNES,
    -ANNENT 16
-ANS, -ANDS ⇨ -END, -ENDS 43
assis (*part. passé de* assoir ♦) 137
assoir ♦ 53
-ATE, -ATES, -ATENT ; -ATTE, -ATTES,
    -ATTENT 18
-ÂTES ⇨ -ÎTES, -ÎTES ⇨ -ÛTES ⇨ -TES 18
-AU, -AUS ⇨ -EAU, -EAUX 61
aulx, ails, ail 14
auxiliaire (être, avoir) 124
avoir (*conjugaison du verbe*) 126, 130-137
AYONS, AYEZ 126, 136

bals, bal 119
banals, banal 119
bancals, bancal 119
baux, bail 119
beaux, beau 62
belle, belles, bel (⇨ beau) 35
bestiaux 14, 61
bijoux, bijou 119
bleus, bleu 119
bœufs, bœuf 22
boire 132, 137
bu (*part. passé de* boire) 137

cailloux, caillou 119
ÇA, ÇÀ ⇨ SA ⇨ -ÇA, -ÇAS 102
-ÇA, -ÇAS ⇨ ÇA, ÇÀ ⇨ SA 79
-ÇAI (⇨ *verbe en* -cer) 79
-ÇAIS, -ÇAIT, -ÇAIENT (⇨ *verbe en* -cer) ⇨ SAIS (TU), SAIT (IL) ; ⇨ CES, SES ; C'EST, S'EST 79
CE, SE 104
C'EN ⇨ S'EN ⇨ CENT, CENTS ⇨ SANS 103
CENT, CENTS ⇨ SANS ⇨ C'EN, S'EN 103
carnavals, carnaval 119
cent 122
CES, SES ⇨ C'EST ⇨ S'EST ⇨ -ÇAIS, -ÇAIT, -ÇAIENT (⇨ *verbe en* -cer) ⇨ SAIS (TU), SAIT (IL) 105
C'EST ⇨ S'EST ⇨ CES, SES ⇨ -ÇAIS, -ÇAIT, -ÇAIENT (⇨ *verbe en* -cer) ⇨ SAIS (TU), SAIT (IL) 105
chacals, chacal 119
choux, chou 119
CI ⇨ SI ⇨ S'Y 106
cieux, ciels, ciel 23
-ÇOIS, -ÇOIT ⇨ SOI, SOIT (QU'IL), SOIENT (QU'ILS) 80
-ÇONS (⇨ *verbe en* -cer) ⇨ SON, SONT (ILS) 81
conditionnel passé (indicatif) 134
conditionnel présent (indicatif) 134
conduire 132
conjugaison 123, 126-137
conjuguer 123
connaitre ♦ 132
connu (*part. passé de* connaitre ♦) 137
convaincre 130, 138
coraux, corail 119
coudre 132, 137
courir 132, 137
couru (*part. passé de* courir) 137
cousu (*part. passé de* coudre) 137
craindre 132, 138
croire 132, 137
croitre ♦ 132, 137
cru (*part. passé de* croire) 87, 137
crû (*part. passé de* croitre ♦) 137, 138
-ÇU, -ÇUS, -ÇUT, -ÇUE, -ÇUES (⇨ *verbe en* -cer) ⇨ SU ; SUS (TU), SUT (IL) 82

demi 47
devoir 87, 130, 132, 133, 134, 137
dire 45, 46, 130
dissoudre 138
dissout ♦, dissoute (*part. passé de* dissoudre) 114
dû (*part. passé de* devoir) 114

-E, -ES, -ENT 20
-É, -ÉS, -ÉE, -ÉES ⇨ -ER ⇨ -EZ ⇨ AI (J') 27
-EAU, -EAUX ⇨ -AU, -AUS 61
écrire 132
écrit (*part. passé de* écrire) 137
-EIL, -EILS, -EILLE, -EILLES, -EILLENT 32
-EINS, -EINT ⇨ -AINC, -AINCS ⇨ -AINS, -AINT ⇨ -INS, -INT 56

-EL, -ELS ⇨ -ELLE, -ELLES, -ELLENT ⇨ -ÈLE, -ÈLES, -ÈLENT ⇨ ELLE, ELLES 34
-ELLE, -ELLES, -ELLENT ⇨ -ÈLE, -ÈLES, -ÈLENT ⇨ -EL, -ELS ⇨ ELLE, ELLES 34
ELLE, ELLES ⇨ -ELLE, -ELLES, -ELLENT ⇨ -ÈLE, -ÈLES, -ÈLENT ⇨ -EL, -ELS 36
elle-même, elles-mêmes 99
émaux, émail 119
-END, -ENDS ⇨ -ANS, -ANDS 43
-ÈNE, -ÈNES, -ÈNENT, -ENNE, -ENNES, -ENNENT 37
envoyer 133, 134
-ER ⇨ -EZ ⇨ -É, -ÉS, -ÉE, -ÉES ⇨ AI (J') 27, 125
-ÈRE, -ÈRES, -ÈRENT ⇨ -ERS, -ERT ⇨ -ERDS, -ERD 38
-ERDS, -ERD ⇨ -ÈRE, -ÈRES, -ÈRENT ⇨ -ERS, -ERT 38
-ERS, -ERT ⇨ -ERDS, -ERD ⇨ -ÈRE, -ÈRES, -ÈRENT 38
ES (TU), EST (IL) ⇨ -ET, -ETS ; -ÊT, -ÊTS ⇨ -AIS, -AIT 31
-ET, -ETS ; -ÊT, -ÊTS ⇨ ES (TU), EST (IL) ⇨ -AIS, -AIT 31
été (*part. passé de* être) 127
-ÈTE, -ÈTES, -ÈTENT ⇨ -ETTE, -ETTES, -ETTENT ⇨ ÊTES (VOUS) 40
ÊTES (VOUS) ⇨ -ÈTE, -ÈTES, -ÈTENT ⇨ -ETTE, -ETTES, -ETTENT 42
être (*conjugaison du verbe*) 127, 130, 132-137
-ETTE, -ETTES, -ETTENT ⇨ -ÈTE, -ÈTES, -ÈTENT ⇨ ÊTES (VOUS) 40
eu (*part. passé de* avoir) 126
EU, EUE, EUES ⇨ EUS (TU), EUT (IL) 90
-EU, -EUE, -EUES, -EUS ⇨ -EUT ; -EUX ⇨ -ŒUX 22
-EUR, -EURS, -EURE, -EURES, -EURENT 24
EURENT (ILS) ⇨ -URE, -URES, -URENT 91
EUS (TU), EUT (IL) ⇨ EU, EUE, EUES 90
-EUSE, -EUSES, -EUSENT 26
EUT (IL) , EUS (TU) ⇨ EU, EUE, EUES 90
-EUT ; -EUX ⇨ -EU, -EUE, -EUES, -EUS ⇨ -ŒUX 22
-EUX ; -EUT ⇨ -EU, -EUE, -EUES, -EUS ⇨ -ŒUX 22
eux, eux-mêmes 23
exigüe ♦, exigu 114, 118
-EZ ⇨ -ER ⇨ -É, -ÉS, -ÉE, -ÉES ⇨ AI (J') 26

faire 130, 132-135
fait (*part. passé de* faire) 114, 137
falloir 130, 132, 135
fatals, fatal 119
féminin 116, 118
 – *adjectif* 118
 – *nom* 118
fermaux, fermail 119
festivals, festival 119
finir (*conjugaison – verbes en* -ir) 129
franque, franc 70, 118
fui (*part. passé de* fuir)
futur 133

futur antérieur (indicatif) 133
futur simple (indicatif) 133

-GEAI (⇨ *verbe en* -ger) ⇨ J'AI 57
-GEAIS, -GEAIT, -GEAIENT (⇨ *verbe en* -ger) 58
genoux, genou 119
genre 114, 116, 117
-GEONS (⇨ *verbe en* -ger) 58
-GER, -GEZ, -GÉ, -GÉS, -GÉS, -GÉE, -GÉES 57
glacials, glaciaux, glacial 12, 119
grecque, grec 70, 118
groupe sujet 115
-GUE, -GUES, -GUENT (⇨ *verbe en* -guer) 44

haïr 54, 130, 136
hiboux, hibou 119

-I, -IE, -IES, -IENT ⇨ -IS, -IT ⇨ -IX 45
-IENNE, -IENNES, -IENNENT 51
-IENS, -IENT 50
-IER ; -IEZ, -IÉ, -IÉS, -IÉE, -IÉES ⇨ -YER ⇨ -YEZ
⇨ -YÉ, -YÉS, -YÉE, -YÉES ⇨ -YIEZ 48
-IIONS ⇨ -IONS ⇨ -YONS ⇨ -YIONS 53
-ÎMES, -ÏMES ⇨ -ÂMES ⇨ -ÛMES ⇨ -MES 59
imparfait (indicatif) 124, 131
impératif (mode) 123
    – *passé* 136
    – *présent* 136
indicatif (mode) 123
    – *passé composé* 124, 130
    – *présent* 124, 130
    – *conditionnel présent, passé* 124, 134
    – *futur simple* 124, 133
    – *futur antérieur* 124, 133
    – *imparfait* 124, 131
    – *passé simple, antérieur* 132
    – *plus-que-parfait* 124, 131
infinitif (mode) 123
    – *passé* 137
    – *présent* 137
-INS, -INT ⇨ -AINC, -AINCS ⇨ -AINS, -AINT ⇨ -EINS, -EINT 55
-IONS ⇨ -IIONS ⇨ -YONS ⇨ -YIONS 52
-IR ⇨ -IRE, -IRES, -IRENT, -ÏRENT 54, 125
-IS, -IT ⇨ -I, -IE, -IES ⇨ -IX 45
-ÎTES -ÏTES ⇨ -ÂTES ⇨ -ÛTES ⇨ -TES
-IX ⇨ -IS, -IT ⇨ -I, -IE, -IES 45

J'AI ⇨ -GEAI (⇨ *verbe en* -ger) 57
joindre 132, 137
joint (*part. passé de* joindre) 137
joujoux, joujou 119

LA, LÀ ⇨ L'A, L'AS 97
L'A, L'AS ⇨ LA, LÀ 97
landaus, landau 119
LEUR, LEURS 98
lieux (= endroits), lieus (= poissons), lieu 119

lui-même 99

MÊME, MÊMES 99
MENS (TU), MENT (IL) 60
-MENT, -(E)MMENT, -(A)MMENT 60, 121
-MES ⇨ -ÂMES ⇨ -ÎMES, -ÏMES ⇨ -ÛMES 59
mi 47
mien 50
mienne 51
mille, mil 122
milliard 122
million 122
mis (*part. passé de* mettre)
mode (du verbe) 123
    – *impératif* 123, 136
    – *indicatif* 123, 130-134
    – *infinitif* 123, 137
    – *participe* 123, 137
    – *subjonctif* 123, 135
mode personnel / impersonnel 123
moi-même 99
mort (*part. passé de* mourir) 137
moudre 132, 137
mourir 132, 137

navals, naval 119
nom (féminin) 118
nom étranger (pluriel) 119
nom composé (pluriel) 119
nombre 115, 116, 117, 120, 122, 123
nous-mêmes 99
nue-propriété 90
numéraux 122
nu-pieds 90
nu-tête 90

œils, œil (⇨ yeux) 23
œufs, œuf 22
-ŒUX ⇨ -EU, -EUE, -EUES -EUS ⇨ -EUT ; -EUX 22
-OIE, -OIES, -OIENT ⇨ -OIS, -OIT 92
-OINS, -OINT, -OINTS 63
-OIS, -OIT ⇨ -OIE, -OIES, -OIENT 92
-OMPS, -OMPT ⇨ -ONS, -ONT ⇨ -ONDS, -OND
⇨ ONT (ILS) ⇨ ON, ON N' 67
ON, ON N' ⇨ ONT (ILS) 100
-OND, -ONDS ⇨ -OMPS, -OMPT ⇨ -ONS, -ONT
⇨ ONT (ILS) ⇨ ON, ON N' 66
-ONES, -ONE, -ONENT 64
-ONNES, -ONNE, -ONNENT 64
-ONS, -ONT 66
ONT (ILS) ⇨ ON, ON N' 100
orthographe rectifiée 114
-OTE, -OTES, -OTENT ; -OTTE, -OTTES, -OTTENT 65
OU, OÙ 101
-OU, -OUS, -OUT ⇨ -OUDS, -OUD ⇨ -OUX 68
-OUDS, -OUD ⇨ -OU, -OUS, -OUT ⇨ -OUX 69
-OUT, -OU, -OUS, ⇨ -OUDS, -OUD ⇨ -OUX 69
ouvert (*part. passé de* ouvrir) 137

-OUX ⇨ -OU, -OUS, -OUT ⇨ -OUDS, -OUD 68
parler *(conjugaison – verbes en* -er*)* 128
participe (mode) 123
    – *passé* 116, 137
    – *présent* 137
participe passé (accord) ♦ 116
    – avec auxiliaire avoir 116, 124
    – avec auxiliaire être 116, 124
    – sans auxiliaire 116
participe présent (⇨ *adjectif verbal*) 120
passé composé (indicatif) 124, 130
passé simple, antérieur (indicatif) 124, 132

paysanne, paysan 118
peindre 132, 137
peint (*part. passé de* peindre) 137
personnes (de conjugaison) 115, 123
PEU ⇨ PEUX (JE, TU), PEUT (IL) 101
PEUT (IL) ⇨ PEUX (JE, TU) ⇨ PEU 101
PEUX (JE, TU) ⇨ PEUT (IL) ⇨ PEU 101
peux (je, tu) 130 (⇨ pouvoir)
plaire 132, 137
plein, pleines 56
pleuvoir 132, 137
plu (*part. passé de* plaire) 137
plu (*part. passé de* pleuvoir) 137
pluriel 115, 116, 117, 119, 123
    – adjectif 119
    – nom 119
    – nom étranger 119
    – nom et adjectif composé 119
plus-que-parfait (indicatif) 124, 131
pneus, pneu 119
poux, pou 119
pouvoir 130, 132-135, 137
prendre 132
présent (indicatif) 124, 130
pris (*part. passé de* prendre) 137
pu (*part. passé de* pouvoir) 137
puis (je) (⇨ peux, pouvoir) 130

QUAND ⇨ QUANT (À) ⇨ QU'EN 95
QUANT (À) ⇨ QUAND ⇨ QU'EN 95
-QUE, -QUES, -QUENT 70
QUEL, QUELS, QUELLE, QUELLES ; QU'ELLE,
   QU'ELLES 96
QU'EN ⇨ QUAND ⇨ QUANT (À) 95

-RA, -RAS 72
radical (d'un verbe) 123
-RAI, -REZ , -RER 73
-RAIS, -RAIT, -RAIENT 74
recevoir 80, 82, 132, 137
récitals, récital 119
reçu (*part. passé de* recevoir) 87, 137
régals, régal 119
résolu (*part. passé de* résoudre : solution) 69
résout ♦, résoute (*part. passé* : transformation) 69

-RIEZ 75
-RIONS 76
-RONS, -RONT 77

SA ⇨ ÇA, ÇÀ ⇨ -ÇA, -ÇAS 102
SAIS (TU), SAIT (IL) ⇨ -ÇAIS, -ÇAIT, -ÇAIENT (⇨ *verbe
   en* -cer) ⇨ CES, SES ; C'EST, S'EST 79
SANS ⇨ S'EN ⇨ C'EN ⇨ CENT, CENTS 103
sarraus, sarrau 119
savoir 130, 132-135, 137
SE, CE 104
S'EN ⇨ C'EN ⇨ SANS ⇨ CENT, CENTS 103
SES, CES ⇨ S'EST, C'EST ⇨ SAIS (TU), SAIT (IL)
   ⇨ -ÇAIS, -ÇAIT, -ÇAIENT 105
S'EST, C'EST ⇨ SES, CES ⇨ SAIS (TU), SAIT (IL)
   ⇨ -ÇAIS, -ÇAIT, -ÇAIENT 105
SI ⇨ S'Y ⇨ CI 106
sien 50
sienne 51
soi, soi-même 80
SON, SONT (ILS) ⇨ -ÇONS 107
soupiraux, soupirail 119
souvenir (se) 132
SOYONS, SOYEZ 127, 136
subjonctif (mode) 123
    – *passé* 123, 135
    – *présent* 123, 135
su (*part. passé de* savoir) 137
SU ; SUS (TU), SUT (IL) ⇨ -ÇU, -ÇUS, -ÇUT, -ÇUE,
   -ÇUES (*verbe en* -cer) 82
suivre 132
sujet 115
S'Y ⇨ SI ⇨ CI 106

temps (de conjugaison) 124
    – composés 124
    – simples 124
tenir 130, 132, 133, 134
terminaisons (d'un verbe) 123, 125
    – tableau 125
tien 50
tienne 51
-TES ⇨ -ÂTES ⇨ -ÎTES -ÏTES ⇨ -ÛTES 84
-TEUR, -TEURS 85
toi-même 99
TOUT, TOUS, TOUTE, TOUTES, TOUTS 108
trait d'union ♦ (⇨ numéraux) 122
travaux, travail 119
tréma ♦ 114
-TRICE, -TRICES 86
tu (*part. passé de* taire) 137

-U, -UE, -UES ; -US, -UT, -ÛT ; -ÜE, -ÜES 87
-ÛMES ⇨ -ÂMES ⇨ -ÎMES, -ÏMES ⇨ -MES 59
-URE, -URES, -URENT ⇨ EURENT (ILS) 91
-ÛTES ⇨ -ÂTES ⇨ -ÎTES, -ÏTES ⇨ -TES 84

va (⇨ vas-y, va-t'en) 136

vaincre 130, 138
valaisanne, valaisan 118
valoir 130, 132-134
vantaux, vantail 119
vas-y 136
va-t'en 136
vaux (je, tu) (⇨ valoir) 130
vécu (*part. passé de* vivre) 137
vendre 132, 138
venir 130, 132, 133, 134, 137
venu (*part. passé de* venir) 137
verbe 123
- *accord* 115
- *conjugaison* 123, 126-138
- *impersonnel* 125
- *personnel* 125
- *pronominal* 125
- *participe passé* 116, 124, 137
- *participe présent* 124, 137

verbe en
- -aitre ♦ 138
- -cer 138
- -cevoir 138
- -cre 138
- -dre 138
- -er 128
- -e.er 138
- -é.er 138
- -eler /el/ ♦ 138
- -eter /et/ ♦ 138
- -ger /jé/ 138
- -guer 138
- -ier 138
- -indre 138
- -ir 129
- -oitre ♦, -oître /wa/ 138
- -quer 138
- -soudre 138
- -yer /.jé/ 138

verbes (groupes de) 125
- *en -er, -ir…* 125-129

veux (je, tu) (⇨ vouloir) 130
vingt 122
vitraux, vitrail 119
vivre 132, 137
voir 137
voix 125
- *active* 125
- *passive* 125

vouloir 130, 132-135, 137
vous-mêmes 99
vu (*part. passé de* voir) 137

yeux, œils, œil 23
-YÉ, -YÉS, -YÉE, -YÉES ⇨ -YER ⇨ -YEZ ⇨ -YIEZ ⇨ -IER ; -IEZ ; -IÉ, -IÉS, -IÉE, -IÉES 49
-YER ⇨ -YEZ ⇨ -YIEZ ⇨ -YÉ, -YÉS, -YÉE, -YÉES ⇨ -IER ; -IEZ ; -IÉ, -IÉS, -IÉE, -IÉES 49
-YEZ ⇨ -YER ⇨ -YIEZ ⇨ -YÉ, -YÉS, -YÉE, -YÉES ⇨ -IER ; -IEZ ; -IÉ, -IÉS, -IÉE, -IÉES 49
-YIEZ ⇨ -YEZ ⇨ -YER ⇨ -YÉ, -YÉS, -YÉE, -YÉES ⇨ -IER ; -IEZ ; -IÉ, -IÉS, -IÉE, -IÉES 49
-YIONS ⇨ -YONS ⇨ -IONS ⇨ -IIONS 53
-YONS ⇨ -YIONS ⇨ -IONS ⇨ -IIONS 53

zéro 122